風水家相で願いを叶える

HOW TO MAKE
BETTER FORTUNE HOUSE

開運ハウスのつくり方

はこしま李風
HAKOSHIMA RIFUU

幻冬舎MC

風水家相で願いを叶える

開運ハウスのつくり方

はじめに

私は、父親とともに親子二代に渡る風水家相士として活動しています。風水家相による間取りの設計や気学による方位転居のプランニング、不動産物件の選定や四柱推命学による運勢鑑定、そして風水家相士の資格認定講座などを行い、皆さまの運気をアップさせるお手伝いをしています。風水家相士としては23年間の鑑定歴を持ち、延べ10,000件以上のご相談を受け、お悩みの声を伺ってきました。

皆さんのお悩みは様々です。

・家の建て替えをしたが、完成してすぐにご主人を亡くされた
・引っ越しをしてから体調が悪くなった
・今の家に住んでから悪いことが続いている
・なかなか結婚のご縁がまとまらない
・家の跡継ぎさんが決まらない

より良い人生を歩んでいくために大切なことはいくつもありますが、運を味方につけることは、その中でも重要です。自然の中で生かされている私たちが絶対に知っておくべき、風水や家相の法則があります。風水や家相は迷信でもおまじないでもないのです。それは人が自然のリズムの中でより快適に暮らすための環境学で、そこには運気が下がる理由も運気が上がる理由もちゃんと存在するのです。この本では、凶相だとあきらめていた住まいでも凶をカバーする方法や、間取りを変更することなく鬼門のマイナス作用を受けないための方法などをお伝えします。古くから受け継がれてきた風水や家相を現代の科学的な視点をもって理解し実践することで、あなたやご家族、ペットの生活さえもより豊かなものになると確信しています。

私自身も幼い頃から風水の影響を受けて育ちました。例えば、子供の頃に習い事に通い始める時は、どの方位にある教室へ、いつ通い始めたら良いのか？を割り出しました。受験生になると、吉方位から土と水をもらってくる「お土取り」を行い、志望校に合格しました。引っ越しをする際やパートナーとの出会いも、必ず吉方位を見て動き、欲しいご縁や望む運気を引き寄せてきたように思います。

出産の際には、子供の運勢が一番整う時間にタイミングを合わせて産み落とすことに成功。子供の名前も最大吉画数で命名、ベッドの配置や子供部屋のインテリアにこだわりながら、毎日の育児にも風水の知恵を取り入れてきました。おかげ様で私は、毎日の育児、家事、仕事と忙しい中でも、自分らしく豊かな時間を過ごすことができています。

今年83才になる父も、いまだ現役バリバリです。鑑定の依頼を受けては、全国を飛び回り、空き時間を見つけては小説の執筆を続け、文学賞を受賞するなど精力的に活動しています。

本当に感謝の気持ちでいっぱいです。一人でも多くの方に、自分らしく夢を叶えながら、心の豊かさに溢れた日々を送ってほしい。そのためのヒントをお伝えしたいと思い、この書籍を書きました。ぜひ風水家相の知恵を活かしながら運気を上げていきましょう。

目　次

第2章
「風水家相」を知ると幸せな家づくりが見えてくる

第3章

日常に取り入れたい炭の力

第4章

風水家相で幸せな毎日を手に入れよう

第1章
「風水家相」の世界

風水家相の世界へ導かれた父の経験

占いに興味がある方ならば、一度は自分の手相を調べた経験があると思います。手相とは手のひらに出る線の形から、運勢を占うものです。家相とは、「家」の「相」と書くように、家の形から住人の運勢を読み解いていくものになります。特に家の状態が悪いと、健康面で顕著に現れてきます。なぜそのような現象が現れてくるのか……それは、長年住み続けた家の「気」と住人の持つ「気」が同調しているからだと考えられます。

ここで実例として父の話をしましょう。

実は、父はもともと、目には見えない世界など全く信じていない人でした。そんなものは存在しないと頭から否定していました。でも、ある大きな出来事をきっかけにして、現在のように風水家相の世界に身を置くようになったのです。それは今から40年以上前のことです。当時30代前半だった父は、自宅の一部を壊して自分の書斎を作りたいと考えました。しかし、祖母がこう言ったのです。「あのね、家は怖いのよ。

何の考えもなしに壊したりしたら大変なことになるよ」と。そうしてある日、家相を見てくれるおばあさんを家に連れてきました。その方が忠告するには、「今、この壁を壊したら、あなたの体に2度メスが入りますよ。絶対に壊してはいけません」とのこと。しかし、父は全く信じることなく、「やれるもんならやってみろ」と言わんばかりに家の壁を取り払い、自宅のリフォームを始めたのでした。

それから3ヶ月後、父は嘔吐と激しい腹痛に襲われ、病院へ緊急搬送されました。病院でお腹を切り開いてみると、腸がねじれていて「腸捻転」という病気であることが分かりました。数ヶ月の入院後、家に戻ってきた父でしたが、すぐにまた腸がねじれ、結局2度、お腹を切る手術を受けました。しかし、当時の病院は今のように衛生的ではなかったため、手術の際に輸血後肝炎を患うはめになりました。その後は入退院の繰り返しで、約3年間はまともに仕事ができませんでした。まだ小さかった私は、祖母の家に里子に出され、寂しい思いをしたことを覚えています。

こうして、家相のおばあさんが忠告した通り、体に2度メスが入るという衝撃的な経験から、さすがの父も考え方を変えました。目には見えないけれど存在する自然の法則、風水家相の世界に目を向けるようになったのです。そうすると、これまで見えなかったものが見えるようになり、一本の筋が通るのを感じたのです。間違いなく私たちが地球で暮らしていく上で、逆らえない自然の法則が存在しているのだということを知りました。

父のケースばかりでなく、家の解体や移転にともなって不幸が続く事例は数多くあります。長年住んでいた家を壊した後に亡くなられる方がいたり、道路拡張で家を壊された後に町内中に忌中の札がずらっと並んだり。意識して見ていくと、あなたの身近でも起きていて、実は思い当たる経験があるという方も少なくないのではないでしょうか。

私と風水家相

父の影響で風水家相をとても身近に感じながら過ごしてきた私は、物心つく頃には、遊びの一部のようにして、風水家相学という学問に触れていました。風水の星が描かれている暦を眺めては将来の計画を立てたり、頻繁に部屋の模様替えをして自分のイメージに合う空間づくりをしたり。

父は仲間と共同で住宅設備の会社を立ち上げ、とても忙しい毎日でしたが、平日の夜や週末には風水家相を研究し、自宅で鑑定や教室を行っていました。私も小学生の頃には、教室の一番後ろの席に母と座って、ノートに落書きをしながら、門前の小僧がお経を聞くかのように過ごしていたのを覚えています。

大学では大好きだった美術を学び、卒業後はインテリア関係の会社に就職しました。ちょうど世間では風水ブームが起き始めた頃で、周りから風水のアドバイスを求められることもありましたが、当時の私には現場の経験もなく、応えることができませんでした。幼い頃から身近に感じていた風水の価値を改めて知る機会となり、父の下で一から勉強を始めようと決心しました。実際の家づくりに携わる中で、やはり専門的な知識が必要だと感じ、夜学に通いながら二級建築士、インテリアコーディネーター、宅地建物取引士の資格を習得していきました。

現在は風水家相に関する知識と建築に関する知識の両方に通じる風水家相士として、住宅や店舗、病院などの建築設計や、住まいから運気を上げるためのコンサルティングを行っています。

また、住宅展示場でお客様向けのセミナーや、商工会議所で経営者対象のセミナーを行うこともあります。その際、冒頭で「風水と聞いて、どんなことを思い浮かべますか？」と尋ねてみると、皆さんの答えは、テレビでおなじみの風水師の名前や、「西に黄色いものを置くと運気が上がる」「黄色い財布」といったものです。

その知名度の高さに、メディアの力の大きさをつくづく感じます。先人の知恵の結晶である風水に新たな光を当て、一般に広く浸透させた功績は確かに大きいといえます。ただしその反面、メディアで扱いやすい風水、できるだけ簡単で、できるだけお手軽な万能開運法としての風水が作り上げられていきました。

以前私がテレビに出演した時、制作側から「玄関にクマのぬいぐるみを置いて金運が上がることにしてもらえませんか？」といったメチャクチャな要望を示されました。もちろんお断りしましたが、実際にはそういった事例が少なくないのです。

そんな風潮がある中で、私は少しでも多くの皆さんに正しい情報を届けたいと、ホームページ上で、風水家相に関する無料相談をお受けしています。毎回、様々なご質問が電話やメールで寄せられてきます。「そこまで気にしなくて大丈夫ですよ」といった些細なことから、私も初めて聞くような開運法についての質問などもあり、巷には様々な情報が溢れ、何を信じたら良いのか分からない状態になっていると感じています。

本来、環境学である風水では、「大地の気を取り込む」ことを基本としています。

古事記にも書かれていますが、「イヤシロチ」と呼ばれるエネルギーの高い土地に住むことが一番の開運法となります。その上に家相や風水インテリアを取り入れた家に暮らすというのが理想の形です。また、日本独自の家相についても誤って伝わっている情報が多くあるようです。代表的な例としては、玄関です。メディアで語られる家相では、「東南の玄関」は「吉相」とされていますが、誰にでも、どの家にでも当てはまる「吉相」というのは本来ありません。

家は周りの環境も考慮するべきですし、本当はそこで暮らす家族の運勢も知っておく必要があります。吉相の家とは、それらのバランスをとるための形や間取りでなければなりません。周辺環境や家族のデータを取り入れた細やかな配慮がなされなければ、本当に運気が上がる家づくりは実現しないのです。

　また、風水家相を取り入れるにあたり、いつどの方位に引っ越したら良いのか？いつ家を建てるのか？と、時期をとても大切にします。こういった時期的なタイミングのことを「年回り」とか「方位転居」と言います。

　実際に、新築やリフォームのご相談では、この時期的な方位に関するご相談が最も多いのです。多くの方が引っ越しをしてから良くないことが続くとか、体調が悪くなった、などの変化を感じたことから、こういった方位によって影響を受けるのだと学ばれたようです。私自身も現場の経験や体験から多くのことを学び研究しています。そして、伝統的な教えに、新たに実証が得られたもの、効果が高いと判断したものを取り入れながら、現代的な風水家相を提唱しています。

我が家の家相は大丈夫？

「家って怖い」そう感じたことはありませんか？

　私のところに相談に来られる方の多くが、親や親戚、近所の人から家にまつわる良くない話を聞かされた経験をお持ちでした。

「近所のご主人が家を建てたら、亡くなった」

「家をリフォームして間もなく、事故にあった」

「引っ越しをしてから体調が悪くなり入院した」

「井戸を埋めて新居を建てたら、家族がバラバラになった」

なんていう話です。といって、いきなり脅かすわけではないのですが、ただ実際によくある話なんです。

この書籍を手に取ってくださったあなたも、きっと何かしら家にまつわる不安をお持ちなのでしょう。状況はそれぞれ違うはずで、これから家を建てようとご計画中の方、親御さんとの同居を視野にリフォームを考えている方、子供部屋が必要でマンションの購入を検討中の方、すでに家を建てた方、賃貸にお住まいの方など様々だと思います。

それでも皆さんに共通しているのは、我が家の家相は大丈夫なのだろうか、もし悪ければ改善策はあるのだろうか……。そんなお悩みなのではないでしょうか。ネットや書籍で調べれば調べるほど凶相に当てはまる気がして悩みが膨らんでいく。勇気を出して専門家に相談しても、悪い箇所ばかりを指摘されて不安が増しただけだった、なんて方も多くいます。そんな方々が悲壮な面持ちで私の元へご相談に来られます。

どうぞ安心してください。どんな段階であっても家相の改善策はちゃんとあります。風水での守るべきルールさえ知っておけば、家相は決して怖くはないのです。これまで数多くの現場で実際の家づくりに携わり、家相に関するお悩みを解決してきた経験から、効果が高いと判断した対処法をお伝えすることができます。

風水家相は迷信だ厄介だと嫌われる存在です。なぜなら、間取りや建築時期などに何かと制限がかかってくるからです。特に建築やリフォームに携わっている業者の方にとってはできるだけ避けて通りたい話題なのです。せっかく考えた間取りのプランや物件の変更を余儀なくされることもあり、これまでの営業努力が無駄になったり時間的ロスが大きいからです。私どものホームページを見た建築会社や工務店の方々からは「風水家相の相談を受けて困っています」というメールが寄せられます。そのため、「風水家相は迷信で信じる必要はない！」「鬼門など怖くない」「お祓いをすれば大丈夫」という風水家相を否定する立場の家相鑑定士を仕立てて、住宅会社のバックアップで家相に関する書籍が数多く出版されているのも事実です。様々な立場があり背負っているものが違うのですから、否定派の家相鑑定士の気持ちも察することはできます。ただ、私たちのように家づくりの現場の知識と風水家相の知識の両方を持って悩み多き施主様の人生と真摯に向き合った経験がないのだろう、と推測されます。でなければ、あまりにも無責任です。

私の元に家についてのご相談に来られるのは、その多くが奥様です。奥様が、ご家族のお悩みを抱えてまずお一人でご相談に来られます。
「でも、主人が信用してくれないかも……」そんな顔をされて帰っていかれます。そして次の回にご主人が嫌々一緒に連れてこられ、鑑定を受けたご主人が奥様以上に信用してくださる。最終的には、ご夫婦で建築士さんを連れてくる。この流れで、風水・家相を取り入れた図面がスムーズに完成し、新築やリフォームが行われることが多いのです。もちろん図面のないリフォームや模様替えのご相談も多くあります。どちらにしろ、奥様が主導する形で話が進みます。ご主人には内緒で、なんて方も多いのです。

家相と聞くと「何だか怖いもの」という印象が強いようで、特に男性は必要以上に怖がります。私の元へ相談に来られる方の80パーセントは女性です。女性は占いが好きだということもありますが、彼女たちはたとえ占いで悪い結果が出たとしても、その中から良い部分に焦点を当てて前向きに進んでいく逞しさを持っています。そんな前向きな思考回路によって、運気も自然と上向きになっていくのだと思います。

風水家相を取り入れる際にも、同じことが言えるのではないでしょうか。家の間取りは土地の形や道路との関係性から少なからず制限があり、新築の間取りであっても全てを吉の条件にすることは難しいものです。それでもできる範囲の中で、少しでも吉に向けていくことで、良い運気を引き寄せていくことができるのだと信じています。

ご相談者の多くは、家の形が悪い悪いと言われるだけで改善策を教えてもらえなかった、家の凶相がいつまでも気になって気分が落ち込んでしまう、というような悩みをお持ちです。でも安心してください！　家相は風水の知恵を取り入れることで改善することができます。運気はお住まいから上がる……と言われるほど影響力の強いものです。あなたの家を今からパワースポットに変えていきましょう！

風水と家相の違い

まずは歴史的な背景を知ることが大切です。

風水とはもともと、3000年以上前の中国で都づくりのために考え出された「環境学」です。「大地の気を取り込むことで、万物の生命力が上がり元気になれる」という考え方がその基本にはあります。この「風水」という言葉が歴史上初めて登場するのは、中国の晋の時代（265〜420年）です。郭璞《かくはく》という文学者・卜者《ぼくしゃ》の著作『葬経』の中に「気は風によって散じ、水にくぎられれば止まる……故にこれを風水という」と書かれています。そんな風水が日本に渡ってきたのは、飛鳥時代。推古天皇の頃で、その時代の古墳にも風水の思想が取り入れられています。先に軽く触れましたが、風水の基本は「気」と呼ばれる大地のエネルギーを上手く取り込むことにあります。中国ではこの気の流れを龍脈《りゅうみゃく》と呼びます。気が山脈に沿って流れてくる様子を伝説の龍に例えたものです。また、気の流れが集まるエネルギーの高い場所を龍穴《りゅうけつ》と呼びます。いわゆる「パワースポット」ですね。人の体で言えば、押すと痛気持ちいいあの「ツボ」にあたります。「ツボ」は、体の中を流れる気が集まる場所で、東洋医学ではこのツボに針や灸をして体の調子を整えます。

同じように風水では、この大地のツボである龍穴に城郭や神社仏閣などを建てることで、国の基盤を整えていきました。平城京や平安京、大坂城や江戸城など歴代の都はどれも緻密に計算された風水によるものだと言われます。

代々、皇帝のために使われてきた風水ですが、時を経て貴族から一般庶民へと広がりました。そして、中国から伝わった風水がより日本の気候風土や文化に合わせてアレンジされていきました。

江戸時代には、日本独自の住居の吉凶判断法に九星術といった方位学の要素を加えた、気学による「家相」が生み出されました。家相は風水に比べると新しい学問ですが、大正時代に園田真次郎という人が唱え、すでに100年近くの実績があり、その効果は立証されています。

風水は「環境学」ですから、環境の違いによって形が変わるのは当然です。

今やアジアだけでなくアメリカやヨーロッパでも人気が高く、世界中でその効果が認められています。そして、アメリカでは「アメリカの風水」、ヨーロッパでは「ヨーロッパの風水」というように、その国の環境、気候や文化に合わせて発展し続けています。

日本と中国では気候や生活様式が異なります。冬になると、日本の季節風は北西から吹きますが、中国ではシベリア、オホーツク海方面から厳しい東北の風が吹きます。また、家の造りを見ても、日本の家は玄関に靴を脱ぐための土間があり、部屋には寝転ぶことができる畳もあります。一方、中国では靴を履いたまま家に入るので日本のような玄関スペースはありません。床に座る習慣もないので、完全にイスでの生活になります。

このような気候や文化の違いがあり、中国の風水をそのまま日本の家に持ち込むには少し無理があります。

風水と家相において、「住まいの気を整えることで人は健康になり運気が上がる」という考え方はどちらも同じです。ただし、家相は風水を日本風にアレンジしたもので、その手法には違いがあります。風水と家相の違いを簡単にまとめると次の表のようになります。

私たちが求めるのは、「住みやすく快適な家」「住むことで運気が上がる家」。そんな真の開運ハウスを手に入れるには、中国の風水と日本独自の家相、この２つを柔軟に取り入れた家づくりが必要です。

風水と家相の違い

項 目	風 水	家 相
北	磁北を使う	真北を使う
方位盤	八方位を各45度に分ける 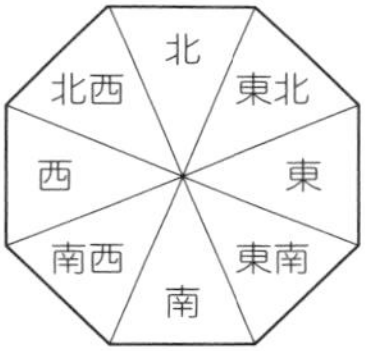	八方位を30度と60度に分ける 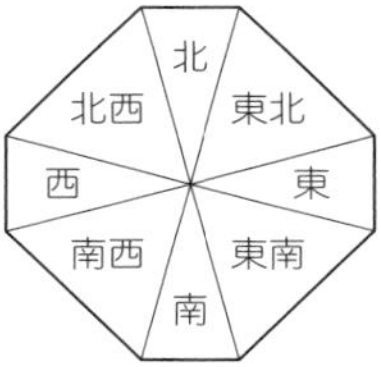
鬼門・裏鬼門	特別な方位として扱わない	大切な場所であり、間取りでの配慮が必要
星の見方	生まれ年の風水ナンバーで見る 男女で違う	生まれ年の九星・十二支で見る 男女での違いはない
室内インテリア	インテリアの向きや配置に吉凶がある	家の形や間取りのみで室内の吉凶は見ない

建築やリフォームに携わっている方々にとって、風水や家相はできれば避けて通りたい話題かもしれません。昔ながらの風水家相の法則に従うと、建てる時期や間取りなど、何かと制限が出てくるからです。「いくら中国3000年の知恵と言

われても、現代の建築にはそぐわないのです」という設計士さんのご意見もごもっともです。私も間取りの設計をする立場として、そのお気持ちはよく理解できます。古代からの知識をそのまま現代の建築に当てはめることは到底できません。生活様式も違えば設備も違う、ましてや建築基準法などなかった時代のものですから、当然、無理が生じます。

歴史ある思想を、現代の建築にどう上手く取り入れていくかが、お客様が本当に満足できる快適性や居住性を得るための鍵になってきます。

風水の種類

風水とは、古代中国人が自分たちの生活している土地や地形、風景をよく観察し、それが生活にどのような影響を与えているかを調べたことが始まりだとされています。その後、長い年月をかけて「どのような土地や住居に住めば良いのか」「住宅の造作をどのようにすれば気が集まるのか」「いつどの方位へ移れば気が整うのか」などの知識を体系化し、調整するための技術を作り上げていきました。

風水とは「気」というエネルギーの思想に基づいたもので、自然の「気」と人間が持つ「気」の相性を整え、健康で豊かな生活を送るための環境学です。この思想に基づき、風水と同時に医学、科学、運命学、建築学もまた盛んに研究が行われるようになりました。

龍脈という目に見えない「気」の流れは、龍穴という「気」が溢れ出す場所に集まります。この龍穴がいわゆるパワースポットと呼ばれる場所です。人体で例えるなら「ツボ」です。風水師はそんな大地の気の流れを読み取り、大地のツボに神社仏閣を建て、都づくりを行いました。

風水には大きく3つの種類があります。

・地理風水
・陰宅風水
・陽宅風水

地理風水ですが、これは昔の国づくりのために使われたものです。現代では建物を建てる際にその土地がエネルギーのある土地かどうか、また土地の形から善し悪しを見極めます。これが建物を建てる際に最も重要な要素になります。

風水師はこの土地の善し悪しを見極めるために、土を触ったり舐めたりしながら探っていましたが、今の私たちは、実際に土地のエネルギー量である地電流の値を、測定器を使って調べることができます。この値がある程度高く、安定している土地がエネルギーの高い良い土地なのです。反対に、地電流の値が低く、安定していない土地の上では、住んでいる人が無意識にストレスを受けます。パワースポットと呼ばれる場所は、やはり地電流の値が高いエネルギーのある土地です。そんな土地に家を建てることができれば最高です。

陰宅風水とは、陰者の家＝お墓を造るための風水です。風水的に良い土地にお墓を造り、死者を埋葬することで子孫繁栄に効果があるという教えです。ただし亡くなった方を土葬しなければ効果がないため、火葬を行う現代の日本では使われることがありませんが、歴代の天皇陵は風水の思想を取り入れて造られています。

陽宅風水とは、陰宅の対にあるもので、生きている私たちの家に活かされる風水となります。「風水インテリア」として家の中でご家族の相性の良い方位に部屋の配置を考えるお部屋割りや、各部屋のベッドや机などのインテリアを相性の良い方位に配置することで、運気を整えていく開運法です。

　ではここで、一番影響力が強い地理風水の知恵を活用するため、風水師でなくても簡単に見分けることができる、運気が上がる住まいのポイントについてお話しましょう。

《運気が上がる住まいのポイント》

・草木が元気な家
・小動物が寄ってくる家
・時計が長持ちする家
・大地に近い低層階

草木が元気な家

　土地から直接生えている草や木は、土地の状態を素直に表します。パワースポットと呼ばれる神社仏閣には、必ず巨木が生えていると思いませんか？　これは土地自体にそれだけの高いエネルギーがあるからです。木を見ればその土地の状態が分かる、「木」＝「気」だと言えるわけです。草木が元気なお宅は、住んでいる人も元気です。すぐに枯れてしまってなかなか育たないというお宅は、土地のエネルギーが落ちている可能性がありますよ。

小動物が寄ってくる家

動物は人間より敏感に「気」の善し悪しを感じ取ります。猫や小鳥、ネズミ、イタチ、ヘビなどの小動物が寄ってくるお宅は、動物たちが居心地の良さを感じているわけですから、とても良いことなのです。昔から家にツバメが巣を作るのは縁起が良いと言われるのもその通りで、私たちが設計したお宅には、ツバメが巣を作ることがしばしばあります。

時計が長持ちする家

時計が突然に止まったり、遅れたり、進んでしまうような場合は、磁場の影響を受けている可能性があります。機械式の時計やアナログクオーツの時計、電波時計などの種類がありますが、特にアナログクオーツの時計は、モーターを磁石の性質を利用して動かしているので、磁場の影響を受けやすいのです。最近の時計は壊れにくく作られていますが、時間がずれることが多いようであれば、問題ありの家だと言えます。

土地の状態が良くない場所では、方位磁石や地電流を測定する針が振動して安定しません。この乱れが住人にも良くない影響を及ぼします。なぜなら私たち人間も電気を帯びているからです。1992年にアメリカにある大学の研究チームが人間の脳細胞にごく小さな磁石があることを発見しました。その後、その磁石は脳全体に分布しており地球の磁場よりもほんの少し強い磁場に反応する、という研究報告がされています。

大地に近い低層階の住まい

これまでの良い土地の条件からも分かるように、私たちは大地から多大なる影響を受けて暮らしています。大地からのエネルギーを受けることで、私たちの生命力は上がり、心も体も健康に過ごすことができるのです。しかしこの大地からの「気」は残念ながらマンションの高層階にまでは届きません。マンションは階が高ければ高いほど景観も良く、お値段も高くなりますが、私たちにとって本当に必要なのは、地に足の着いた暮らしなのかもしれません。少し怖い話ですが、平成５年度に出された厚生労働省心身障害研究報告書でも、マンションの高層階に住むと流産率が高まるというデータが出ています。マンションに住む際はできるだけ低層階を選んだ方が良さそうです。

磁場との相性で運気を上げる方位学

そんな風水家相ですが、昨今では、その科学的なメカニズムが解明され始めています。風水家相の科学的なメカニズムとは、一体何でしょうか？　その答えの一つが「電気の流れ」です。意外な答えかもしれませんが、この電気の流れこそが、全ての生命の源であると言っても過言ではありません。私たち人間にも電気は流れ、そのおかげで命をいただいているのですから。例えば野球をしている時を考えてみましょう。

目の前にボールが転がってきたら、体の中では何が起こるのか……というと、まず、目から入ったボールの情報を電気信号にして神経が脳に伝えると、あなたの脳は「ボールをキャッチしろ」という命令を出します。そして脳からの電気信号を神経が手や足の筋肉に伝え、ボールをキャッチすることができるのです。

人は見たことやしたいことを弱い電気信号にし、その信号を神経が脳に伝えています。だから病院では、心電図で心臓の電気を読み、脳波計で脳の電気信号を計ることができるのです。

この電気の流れを、人間の体ではなく、「自然環境」に置き換えたのが「風水」です。風水師は病院のお医者さんと同じように、大地の電気を測りエネルギーの流れを読みます。風水とは大地の「気」と人間の「気」の相性を整え、生命力や活力を上げることで運を好転させる開運術なのです。

運気は住まいから上がる！と言っても過言ではなく、私たちが提案するのは、そこに暮らすことで自然と運気が好転していく開運ハウスです。

そんな開運ハウスを手にするためには、手順があります。大きくは、次の４項目を見ていく必要があります。

① 方位（建てる時期、入居時期）
② 土地（地相、地形、エネルギー）
③ 家相（間取り）
④ 風水インテリア（部屋割り、家具の配置）

まずは①方位ですが、自分の夢を叶えて成功している人たちの多くは、「運」を大切にし、「運」を味方につける努力をされています。また反対に、運が悪い人ほど不思議と悪い方へ悪い方へと動きます。例えば、引っ越しをしてから何をやっても上手くいかない、トラブルが続く、体調が悪くなった、なんて話を聞きませんか？　これは、凶方位へ引っ越してしまった場合です。人間の体が帯びている「磁気」と、住んでいる場所の磁場が合わないためだと考えられます。

ここで、方位についてご紹介すると、大きく分けて3つあります。

・吉方位…………運気が上がる良い方位
・無難な方位……良くもなく悪くもない方位
・凶方位…………絶対に使えない悪い方位

正直、よほど運の良い人か、時間的に余裕のある人、前々から計画して動いている人でないと、吉方位を使うことは難しくなります。私も方位のご相談を受けた際には、まず基本として「凶方位だけは避ける」というご提案をします。引っ越したことによって、良い影響も悪い影響も受けない「無難な方位」を使うことができれば、OKであるというスタンスでアドバイスをしています。そうでないと、ご家族が多い場合や時間的余裕のない場合には、いつまでたっても引っ越したり家を建てたりすることができないからです。

この凶方位は、本来は6種類ありますが、中でも万人にとって凶意が強い三大凶方位をご紹介します。①五黄殺《ごおうさつ》、

②暗剣殺《あんけんさつ》、③歳破《さいは》です。

①五黄殺は自滅、腐敗を意味する方位で、自分自身が原因で起こる問題です。人間関係の揉め事、暴力、犯罪、裁判などに関連するトラブルが起きやすくなります。②暗剣殺は五黄殺の反対に当たる方位で、自分以外のことが原因となって起こる問題です。文字通り暗闇から突然剣が突き出てくるような予測できない災いに見舞われる可能性が高くなります。③歳破はその年の干支である十二支がいる方位の反対に当たる方位を指します。約束が破られる、縁談が破断になる、ものが破壊される、当てが外れるなどのマイナスを受けることがあります。

最近は携帯のアプリを使って、誰でも簡単に方位を確認することができるようになりました。ただし活用する場面によって使う方位の設定が違ってきますので、正しく設定する必要があります。先ほど風水と家相の違いをお話ししましたが、北や方位盤には２種類あります。引っ越しなど移動の際に採用するのは、家相鑑定の際と同じ真北と30度・60度の方位盤です。以下は、誰にとっても凶となる方位で、引っ越しの際に避けるべき方位となります。地図上で自宅を中心に設定して、八方位を割り出してみて下さい。

2023年……北西・東南・西

2024年……西・東・北西

2025年……東北・南西・北西

2026年……南・北

2027年……北・南・東北

では、この方位による吉凶の影響はどうして起こるのでしょうか？　それは「地球が一つの大きな磁石であるから」と言えます。磁気を持つ地球の南北にはＮ極とＳ極の「磁場」が発生しています。

私たちは地球上のどこにいても、その場所の磁場の影響を受けているのです。自宅であれ、会社であれ、どこにいてもその磁場の影響から逃れることはできません。だから、もし磁場が良くない場所に住んでいれば、知らず知らずにその影響を受けて、物事が思わぬ方向へと向かってしまうこともあります。また、次のような影響も出てきます。体調不良や精神的不安、何かと落ち着かない状態になったり、うつ病や引きこもりなど、病院へ行っても原因がはっきりしないような病状を起こしやすくなるのです。

反対に、磁場が良い場所に住んでいる人は、体調が整います。無意識に受けていた磁場からのストレスがなくなり、不思議と物事がスムーズに進みます。自然と運が好転していくのです。

これまでお会いした多くの成功者たちは必ずと言っていいほど、この方位を見て動いています。方位とは、地球の磁気と私たちの持つ磁気との相性を見るものです。昔の人たちの経験から、どの方向に行けば体調が良くなる・悪くなるとか、どの方向に行けば物事がスムーズに流れる・停滞するといった「原理」が生まれてきたのです。これを体系化したのが方位学であり、風水学です。

このように考えれば、建築会社や工務店の皆さまも、「せっかくなら良い方位で家を建てたいわ」と願うお客様の気持ちに少しは寄り添ってあげられるのではないでしょうか？　一生に一度の家づくりは、運気を上げることができる最大のチャンスです！　ぜひお客様が心から満足できる家づくりを目指していきましょう。

吉凶チェックリストで あなたのお住まいを診断

風水家相の吉凶を判断する際は、全体を見てから細部を見ていきます。まず土地や周囲の状態を見てから、家の形である家相や間取り、各部屋の風水インテリアを見るという手順になります。私たちの運勢に与える影響の度合いも土地、立地、家相、間取り、風水インテリアという順番で強くなります。

土地には「勢・形・気」という三原則があります。土地に勢いがあるかどうか、形はどうか、気は集まっているかどうかといった3つの項目を基本にして住環境の善し悪しを判断します。良い土地には気のエネルギーが溢れて勢いがあります。生命力に溢れ、草木は青々と茂り、人も動物も皆元気になります。そして、その気を上手くとどめることができる土地か、反対に勢いを削いでしまう土地なのかは、土地の形や立地によって違ってきます。

あなたのお住まいの土地がどのような土地なのか、現在のお住まいを吉凶チェックリストで診断してみましょう。

吉凶チェックリスト

土地・立地編

① 家が道路の突き当たりに建っている
② マンションの場合、部屋が廊下の突き当たりにある
③ 道路のカーブの外側に面して建っている
④ 四方を高い建物に囲まれている
⑤ ビルとビルの隙間の正面に建っている
⑥ 三角形の土地
⑦ 隣に墓地がある
⑧ 正面に神社やお宮がある
⑨ 近くに五方向以上の道路に分かれる交差点がある
⑩ 近くに高圧線や鉄塔がある
⑪ 線路沿いの土地
⑫ 日当たりが悪く水はけが悪い土地
⑬ 草木が生えない土地
⑭ 南側に大きな川や池がある土地
⑮ 敷地内の東北や南に浄化槽がある

①〜⑤にYESがある場合

このような土地に住むと、他人からの災いごとや事件に巻き込まれる可能性が高くなります。病気やケガに見舞われ、財産を失うなどの悲惨な運命が廻ってきます。これから購入する予定がある場合は、すぐに別の物件を探しましょう。

⑥〜⑮にYESがある場合

エネルギーの弱い土地で、住んでいると次第に運気が下がってきます。今すぐに大問題が発生するわけではありませんが、運の廻りが悪い時期や体力が落ちてくると、次第に健康面に影響が出てきます。現在このような環境にある場合も、風水的な対処法を施して環境を改善すれば大丈夫です。

YESが一つもない場合

良い気が廻っている状態です。生まれ持った運の流れに沿って安定した人生を送ることができるでしょう。

ここでは、左の吉凶チェックリストに沿って代表的な凶相の例と対処法をご紹介します。

❶路殺《ろさつ》―― 道路や廊下の突き当たりに建っている。

突き当たりの正面に出入り口があると凶意が増します。他人から思わぬ災難を投げ込まれたり、事件や事故に巻き込まれる可能性があります。

対処法：入り口を突き当たりの正面からずらし、石敢當《いしがんとう》を配置する。

石敢當

❷反弓殺《はんきゅうさつ》―― 道路のカーブの外側に面して建っている。

カーブの外側は良い気が削がれ、思わぬ災難が飛び込んでくる凶相です。実際に車が突っ込んでくるなどの交通事故が多発する場所です。

対処法：家を後方に下げ、道路との距離を取るように配置する。気が直接当たらないように、車が向かってくる側の門周りに植栽をする。石敢當を置く。

❸天斬殺《てんざんさつ》 ―― ビルとビルの隙間の正面に建っている。

建物の隙間からの鋭い気が突き刺さります。不眠や不安定な精神状態になりやすいです。

対処法：八卦鏡《はっかきょう》を建物側に向けて置き、気をはね返す。建物と向かい合う窓は開けないようにする。

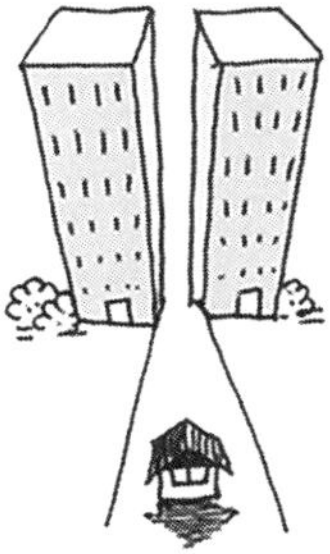

八卦鏡

❹四害殺《しがいさつ》 ―― 四方を高い建物に囲まれている。

日当たりや風通しが悪く、気が滞ります。また四方の地盤も深く掘り下げられているので、大地の気が上がってきません。住人のやる気が削がれ、引きこもりがちになります。

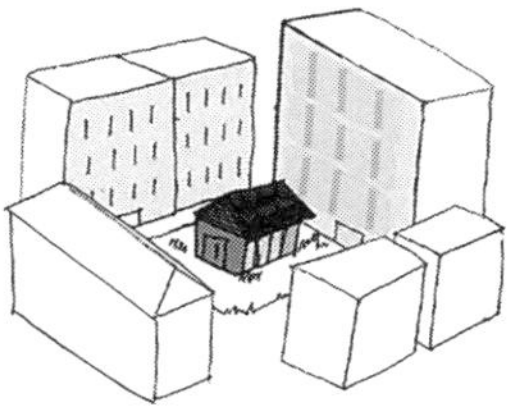

❺三角形の土地

三角形の土地では気が削がれ、運勢が発展しません。財産を失う場合もあります。敷地と同じように三角形の建物を建てると凶意が増します。

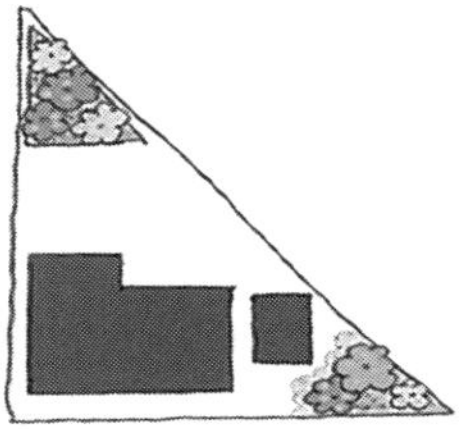

❻多差路付近の土地

近くに五方向以上の道路に分かれる交差点があって、どの信号を見て渡ったら良いのか迷ってしまうような複雑地形。このような場所は気が乱れていることが多く、店舗などは長続きせずにお店がよく入れ替わっています。住居でも、気持ちが落ちつかないことが多くなります。

チェックリストの①〜⑮のような土地は、エネルギーが弱い不毛の地か、気が激しく乱れて住人の健康を害するマイナスの土地です。このような土地では風水埋炭をして、土地の気を改良することが大切です。

間取り編

⑯ 車庫の真上を居住スペースにしている

⑰ 家の中心に階段や吹き抜けがある

⑱ 家の中心にトイレがある

⑲ 玄関を入って正面に階段がある

⑳ 玄関を入って真っ直ぐに窓や出入り口がある

㉑ 鬼門上に出入り口がある

㉒ 鬼門上にトイレやお風呂がある

㉓ 南側にトイレやお風呂・水回りがある

㉔ 家が複雑な形をしている

㉕ 家の形で大きく欠けている箇所がある

㉖ 母屋よりも大きな別棟がある

● ⑯〜㉖にYESがある場合

間取りに問題があり、特に家庭内でのトラブルが起きやすく、ストレスの多い毎日になります。住人は才能や能力を発揮することができず、仕事や勉強においても良い結果を得られません。風水インテリアを取り入れて、気の流れの良い空間を作りましょう。

⑯のように車庫の上を居住スペースにしている家をよく見かけます。敷地に制限があるため仕方がないのですが、車庫の真上の部屋は納戸にするなど、できるだけ居住スペースとしては使わない方がいいでしょう。車が出入りするたびに気が乱れ、部屋の住人が精神的に不安定になり引きこもりになる可能性が高いです。

⑰⑱のように、家の真ん中に階段や吹き抜けがあったり、トイレのような不浄なものがあると、家の中心に力がない状態となります。家族の気持ちがバラバラで団結力がない家になります。階段の上り口にはのれんを掛けて気が抜けてしまわないようにしましょう。

⑲⑳は玄関から入って真っ直ぐに気が抜けてしまう残念な形になります。階段や廊下にのれんを掛けるか、パーテーションや背の高い観葉植物を置いて気が真っ直ぐに抜けてしまわないようにしましょう。

㉑㉒は鬼門上の問題です。最低でも鬼門の凶相だけは避けたいものです。鬼門は家の東北に位置しますが、東北には「継ぎ目」という意味があります。人物で言えば大切な後継者の位置になり、体で言えば腰や関節に当たります。鬼門は

納戸や書斎にするのがベストです。もしもトイレやお風呂などの不浄なものがある場合は、掃除と換気をマメにして清潔に保つよう心がけましょう。

㉓のように南側に水物があると健康上の問題が出てきます。南は「火」を意味する場所です。そこに「水」があると水が火を消す状態になり、体で言えば目や顔から上、脳、循環器系にマイナスの影響が生じます。換気を良くして湿気をためないようにしましょう。

インテリア編

以下の項目に当てはまる場合は、YESの数をチェックしてください。

玄関

- □ 玄関を開けると室内が明るい
- □ 玄関マットを敷いている
- □ 玄関の正面以外の場所に鏡を飾っている
- □ 靴や不要なものを出しっ放しにしていない
- □ いつでもお客様を迎えられるよう整理されている
- □ 月に一度はタタキを水拭きしている

リビング

- □ きちんと片付けられている
- □ 照明を使って温かい雰囲気を作り出している
- □ 観葉植物や花などが置いてある

キッチン

- □ きちんと掃除をして片付けられている
- □ フタの付いたゴミ箱を使っている
- □ 包丁などの刃物類は戸棚の中にしまっている
- □ 冷蔵庫の中が整理されている
- □ 清潔なキッチンマットを敷いている

ダイニング

- □ ダイニングテーブルの上に必要なもの以外は置いていない
- □ ダイニングとキッチンの間は区切られている
- □ 食器類は扉が付いている食器棚に収納している

寝室

- □ 寝室の入口に枕が向かないように配置している
- □ シーツや枕カバーなどを清潔にしている
- □ 枕元に携帯電話を置いていない
- □ 寝室にパソコンやテレビなどの家電製品を置いていない
- □ 鏡は寝姿が映り込まないように配置している

（鏡は置いていない）

トイレ

- □ マメに掃除をして清潔な状態を保っている
- □ 換気を十分に行っている
- □ 清潔なトイレマットを敷いている
- □ 使用後はトイレのフタをきちんと閉めている

バスルーム

- □ マメに掃除をして清潔な状態を保っている
- □ 換気を十分に行っている
- □ 残り湯は翌日まで持ち越さずその日のうちに使い切っている

YESが25以上の場合は、お家の中に良い気が巡っています。運気に恵まれ、日ごとに幸運体質が作られる空間になっています。YESが15～24の場合は、さらなる運気アップが望めます。チェック表を参考に、運気が上がる空間作りに取り組んでいきましょう。

YESが０～４の場合は、まずは掃除から始めましょう。いらないものを捨てて整理整頓して、良い運気が入るスペース作りをしましょう。YESの数が多いほど、気の巡りが良い部屋になりますが、どの場所もまずは、掃除と片付けが基本です。「部屋の乱れは心の乱れ」と言われるように、散らかっている部屋ではイライラしたり、物事に集中できなかったりと精神が安定しません。金運、健康運、家庭運全ての運気は整理整頓できる人の元へ訪れます。例えば、玄関を掃除しておけば、良いご縁に恵まれ金運も引き寄せます。体の調子が悪い時にはキッチンやトイレを念入りに磨き上げましょう。不思議と体調が整い、気分がスッキリしますよ。

家庭運を上げたい時はリビングを整理整頓しましょう。スッキリと片付いた空間で家族団らんの時間を持てば、自然と会話がはずみます。そして室内にはたくさんの光を取り入れて明るい空間にしましょう。昔から「光が入らない家には医者が入る」という言葉があるように、光には人を元気にするエネルギーがあります。また観葉植物や花を部屋に置くと、場のエネルギーを整える効果があります。特にテレビやパソコンなどの電磁波を発する家電製品のそばには植物を置いて、気の乱れを防ぎましょう。

ここまでは風水家相の吉凶を簡単にチェックしてきましたが、次の章ではさらに詳しく風水家相の法則を学んでいきます。

第2章
「風水家相」を知ると幸せな家づくりが見えてくる

家相学の基本

それでは、風水を取り入れた日本の家相学の基本をご説明しましょう。風水家相の基本となっている考え方に「陰陽《いんよう》論《ろん》」と「五行論《ごぎょうろん》」があります。陰陽論とは、世の中の全てのものは「陰」と「陽」のように正反対の性質が組み合わさってできているという考え方です。例えば、明と暗、プラスとマイナス、強と弱、男と女といったような組み合わせです。同じように家の中にも陰と陽があり、吉と凶が存在します。風水といえば、よく目にする「太陰対極図《たいいんたいきょくず》」があります。丸の中に黒と白の勾玉が組み合わされているような形のマークですが、これも陰と陽のバランスを表しています。白が「陽」、黒が「陰」を表していて「天地万物あらゆるものは陰と陽のバランスによって成り立っている」という意味があります。このマークに象徴されるように、風水家相ではこの陰と陽のバランスがとても大切だと考えます。

太陰対極図

次に五行論ですが、世の中の全てのものは木《もく》、火《か》、土《ど》、金《ごん》、水《すい》という5つの要素で表される関係性で動いているという考え方です。これらはお互いに作用し合い、比和《ひわ》=性質が同じである、相生《そうしょう》=生み出す関係、相剋《そうこく》=やっつける関係、という繋がりを持っています。それぞれの関係性は下の図のように表すことができますが、その成り立ちを見ていきましょう。

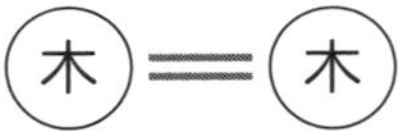

〈比和の関係〉

全く同じ性質のもの

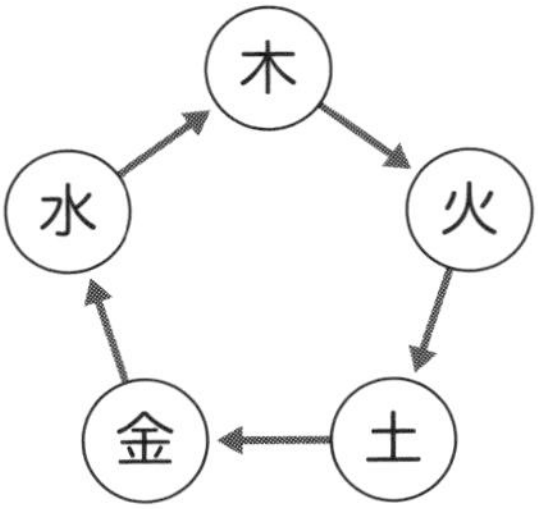

〈相生の関係〉

・水が木を育てる
・火を燃やすと灰になって土に還る
・土の中から金や銅などの金属がとれる
・金属が結露して水を生じる

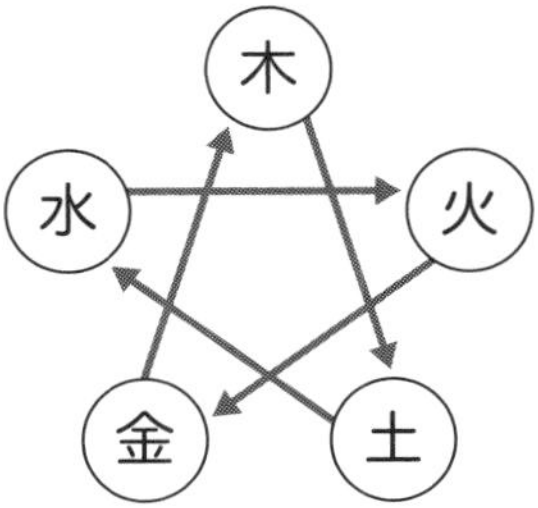

〈相剋の関係〉

・水が火を消す
・火が金属を溶かす
・金属製品が木を切り倒す
・木が土の養分を吸い取って弱らせる
・土が水の勢いをせき止める

風水家相では、このお互いの関係を上手くコントロールして、気のバランスを整えていきます。五行は方位や季節、色、感情、体などのあらゆるものに当てはめることができます。その関係性を分類してまとめたものが下の五行色体表です。例えば「火」の方位は南、季節は夏、色は赤、体では舌や心臓を表します。南は太陽の光が最も強く照りつけ熱くなる場所です。そこにトイレや風呂などの水回りを配置すると「水」が「火」を消す状態となり、住人の舌や心臓が悪くなるといった病状として現れてくるのです。このような五行の関係性は、漢方や鍼灸などの中国の学問の基本となるものです。

五行色体表

五行	方位	季節	色	感情	顔	五臓
木	東・東南	春	青	怒り	目	肝臓
火	南	夏	赤	喜び	舌	心臓
土	東北・南西	土用	黄	憂い	口	脾臓
金	西・北西	秋	白	哀しみ	鼻	肺
水	北	冬	黒	驚き	耳	腎

家相の吉凶を判断するための手順

① 家の形を確認
② 家の中心を割り出す
③ 真北を書き入れる
④ 八方位に分ける
⑤ 家の吉凶を判断する

家の吉凶を判断するためには、まずは「家」の形を知らなければいけません。

では「家」とは、どこまでが家なのか。それは内側から鍵がかけられる範囲です。家とは住んでいる人の気が保たれる空間であり、これを「保気《ほき》」と言います。ですので、ベランダやテラス、玄関のポーチといった部分は家の外になります。

自分の家の形が分かったら、次に太極と呼ばれる家の中心を割り出します。家が正方形や長方形の場合は、図①のように、対角線の交わった点が中心です。張りや欠けがある場合は対角線を引く箇所が変わってきます。基本的には図②のように、張っている場所の面積で欠けている場所の面積が埋め

中心の割り出し方

図①

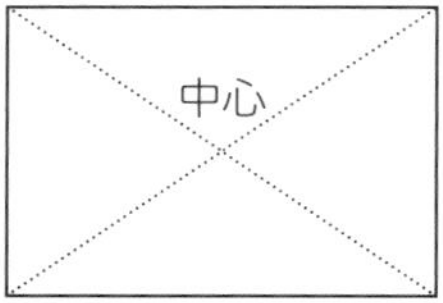

基本的には四角形の対角を結んだ交点が中心となる。

図②

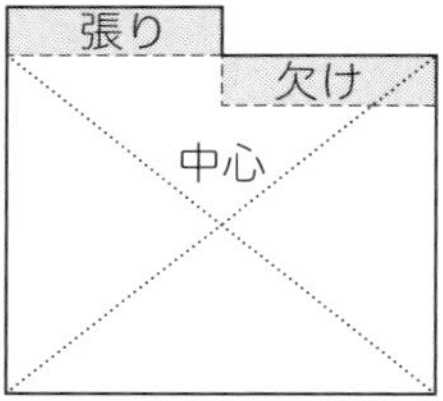

張りや欠けがある場合、張りと欠けの面積が同じになる場所に線を引き、できた四角形から対角線を引き中心を出す。

図③

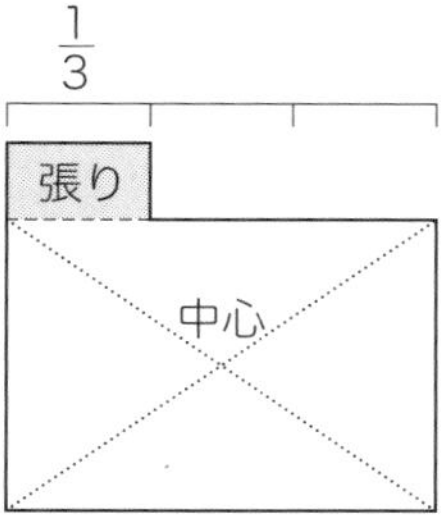

張りが一辺の３分の１以下の場合、張り出した部分を除いて対角線を引き中心を出す。

図④

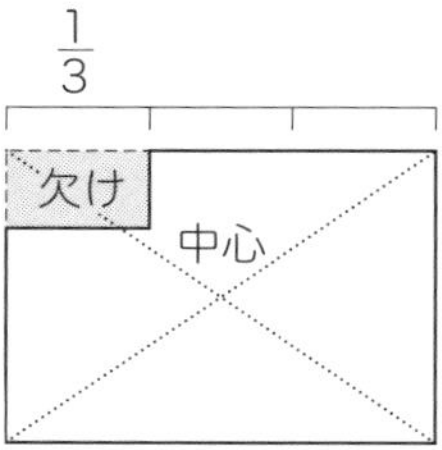

欠けが一辺の３分の１以下の場合、その欠けはないものとして対角線を引き中心を出す。

合わせられる場所に基線を引き、その対角線の交点で中心を出します。ただし条件があり、図③のように張りが一辺の３分の１以下の場合は、その部分は除いて中心を出します。また図④のように欠けが一辺の３分の１以下の場合は、その欠けはないものとして中心を出します。

家の中心が分かったら、次は方位を割り出します。方位は北を基準に考えますが、この北には２種類あります。地図上の北である真北《しんぽく》と磁石の北である磁北《じほく》です。家の形や間取りを見る家相では真北を使い、家の中での部屋割りや家具の配置を見る風水インテリアでは磁北を使います。基準にする北を間違ってしまうと正確な診断ができないので注意してくださいね。図面に方位が載っている場合は、真北なのか磁北なのかをきちんと確認しましょう。マンションの図面であれば真北になりますが、一戸建ての場合は住宅会社によってそれぞれ違います。方位磁石を使って、まずは家の磁北を測ってみると良いでしょう。

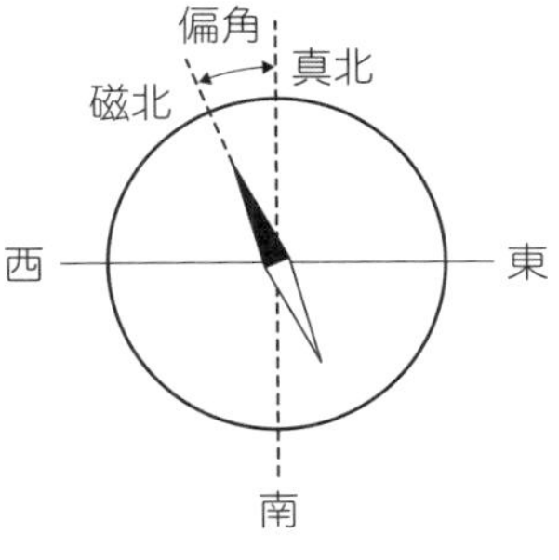

真北と磁北には微妙なズレがあって、この差のことを偏角と言います。真北よりも磁北が西に傾いていて、日本国内であれば4～10度の差があり、この値は場所や測定した年代によって異なります。次の表を参考にして磁北から真北を求めることができます。例えば東京であれば、磁北の東側に7.4度プラスすることで真北が出ます。

偏差角度表（西偏度）

稚内	10.40	千葉	7.30	津	7.40	徳島	7.40
札幌	9.40	横浜	7.40	大津	7.50	高松	7.50
青森	8.40	東京	7.40	京都	8.00	松山	7.30
盛岡	8.30	新潟	8.40	大阪	7.40	高知	7.40
秋田	8.50	富山	8.20	神戸	7.50	福岡	7.50
仙台	8.30	金沢	8.20	奈良	7.50	佐賀	7.30
福島	8.00	福井	8.30	和歌山	7.40	長崎	7.10
山形	7.30	甲府	6.30	鳥取	8.30	熊本	7.20
水戸	7.30	長野	7.50	松江	8.30	大分	7.30
宇都宮	8.00	岐阜	8.00	岡山	7.50	宮崎	7.00
前橋	7.50	静岡	7.10	広島	7.50	鹿児島	7.10
埼玉	7.40	名古屋	8.00	山口	7.40	那覇	5.30

（国土地理院磁気図　2020年値より）

家の中心と真北が分かれば、間取り図に方位盤を合わせて家相を判断することができます。家の家相盤を見ていきましょう。方位は東西南北を30度、東北、東南、南西、北西を60度ずつに分けてあり、それぞれの方位に十二支が入ります。そして、北と南、東と西の中心をはしっている線が「正中線」、北西と東南の中心を走っている線を「四隅線」と呼びます。中でも東北から南西にかけてはしる線が鬼門線となり、この線を中心に15度の範囲には、トイレやお風呂、キッチンなどの水回りや玄関などの出入り口を置くことは避けておきましょう。

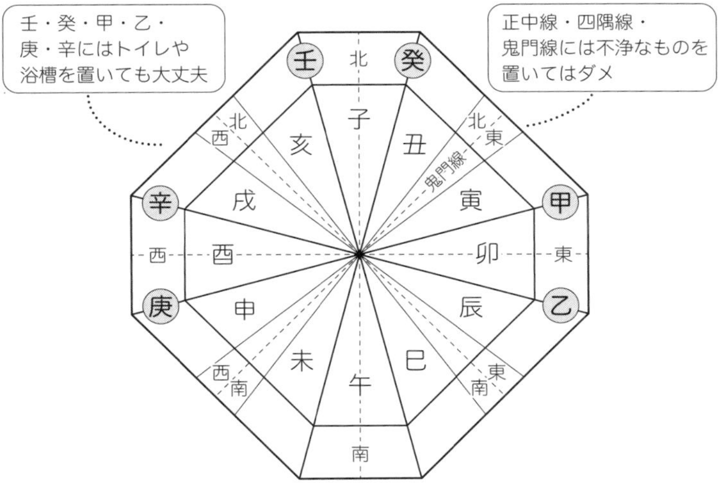

また、それぞれの方位には干支《かんし》という五行を司る記号が割り振られています。特に重要になるのが、北の方位にある壬《みずのえ》・癸《みずのと》、東の方位にある甲《きのえ》・乙《きのと》、西の方位にある庚《かのえ》・辛《かのと》の範囲です。この範囲には、トイレや浴槽、シンクなどの水物でも無難に配置できるとされています。

それでは、ここまでの内容を踏まえて方位の意味合いが分かったら、家相の吉凶を判断します。家の吉相と凶相には以下のような条件があります。

吉相の条件

- 張っている
- 壁で止まっている
- 別棟がある

凶相の条件

- 欠けている
- 窓や間口で開いている
- トイレやお風呂がある
- 玄関や土間がある

このような条件が、家のどの方位に当てはまるかによって、住む人に様々な影響が及ぼされるのです。その影響について次から詳しく見ていきましょう。

方位が影響を及ぼすもの

方位には鬼門のように全ての人に共通して注意すべきものと、住む人によって違ってくる個人的なものとがあります。方位が影響を及ぼすものとして、以下の４種類があります。

- 健　康
- 社会的運勢
- 家族の役割
- 運　気

健　康

家相の影響が最も分かりやすくでてくるのが健康面に対するものです。ご家族のそれぞれに個人的に見るべき方位となります。健康で見るべき場所は十二支の方位です。毎年、年賀状を書く際には、来年の干支は何だろう……と意識することもあると思います。この一般的には干支と言われる「子 丑 寅 卯 辰 巳 午 未 申 酉 戌 亥」は、生まれた年によって決まります。ただし、1月1日から2月3日の間に生まれた人は、前年の十二支になります。そしてあなたの干支である十二支は、それぞれ体の部位と連動しています。もし自分の十二支の方位にトイレや浴室があるなどの凶相であれば、その部位がウィークポイントとなって病気にかかりやすくなります。右ページの表で見てみましょう。例えば、十二支が「子」の人は、家の北側の吉凶が体に影響してきます。体部位では腎臓・膀胱・子宮・生殖器・肛門に関わることになります。

この方位と体との関係性は「人体南面図」というものが元になっています。これは人が南側を向き、天に向けて両手を広げて立っている図です。古代中国では地球を中心にして太陽がその周りを回っているという天動説が唱えられていたため、方位盤も南が上にくる南面上位盤になります。北が上に記載される現代の地図や方位盤とは、上下が反対になりますので注意してください。今でも京都の古い大工さんが引く図面は南が上になっているんですよ。

十二支と関連する体の部位

十二支	方位	部位
子	北	腎臓・膀胱・子宮・生殖器・肛門
丑	東北	脊髄・関節・腰・左足
寅		
卯	東	肝臓・のど・神経・爪
辰	東南	気管支・食道・腸・頭髪・左手
巳		
午	南	顔面・頭脳・目・心臓
未	南西	胃・脾臓・腹部・皮膚・右手
申		
酉	西	口・歯・右肺・乳房
戌	北西	左肺・骨・首・血圧・右足
亥		

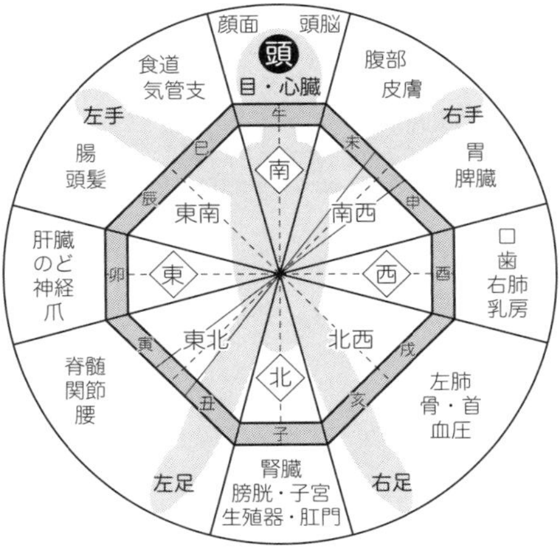

人体南面図

社会的運勢

社会に出て活躍できるかどうか……という仕事運の運勢を見る方位です。

これは生まれた年から割り出す九星によります。一白水星から九紫火星までの９つの星に分かれます。右ページの表から九星を確認してください。九星にはそれぞれ司る方位があり、そこがあなたの仕事運を見る場所となります。

例えば、昭和62年生まれの人は四緑木星になります。方位は東南になり、家の中心から見た東南の方位の吉凶によって、仕事運の善し悪しが判断できます。

ただし、五黄土星の運勢を司る方位は家の中央となり、採用できる方位がありませんので、代わりにその人の持つ十二支の場所で判断します。

例えば、昭和52年生まれの人は五黄土星で、生まれ年の十二支は巳になります。この場合は、仕事運も健康運もどちらも巳の方位である東南の吉凶によって判断します。

九星早見表

方位	九星	昭和	平成	令和
北	一白水星	2・11・20・29・38・47・56	2・11・20・29	8
南西	二黒土星	1・10・19・28・37・46・55・64	1・10・19・28	7
東	三碧木星	9・18・27・36・45・54・63	9・18・27	6
東南	四緑木星	8・17・26・35・44・53・62	8・17・26	5
中央（十二支の方位）	五黄土星	7・16・25・34・43・52・61	7・16・25	4
北西	六白金星	6・15・24・33・42・51・60	6・15・24	3
西	七赤金星	5・14・23・32・41・50・59	5・14・23	2
東北	八白土星	4・13・22・31・40・49・58	4・13・22・31	1
南	九紫火星	3・12・21・30・39・48・57	3・12・21・30	9

注）1月1日から2月3日の間に生まれた人は、前年の九星になります。
例：昭和58年1月3日生まれの人の九星は九紫火星になります。

家族の役割

そのほかにも方位には意味合いがあります。主人や主婦といった家族の役割を表すものです。例えば北西は主人の場所、南西は主婦の場所、東は長男、東南は長女の場所となります。

これは家庭内での家族の力関係に影響が出てきます。主人の場所である北西が欠けている凶相の家は、ご主人が単身赴任で家に帰ってこないとか、仕事が忙しくて家にいる時間が少ないなど、ご主人の存在感が薄い家となります。

北西が欠けて、ご主人の力がない家は問題が多いものです。北西が大きく欠けると、物理的に南西が張り出す形になります。この場合、南西は家の主婦である奥様の場所ですので、奥様が力を持ち、頑張って家の中を切り盛りしなければならない状況となります。ご主人と奥様、ご家庭では、どちらが力を持っていても良いのですが、家相的には北西がほどよく張っている形が良いと言えそうです。

南西は主婦やおばあちゃんの場所です。南西が張り出している家には、だいたい元気なおばあちゃんがいらっしゃるのです。そして後に出てきますが、南西は資産を表す場所でもあるので、おばあちゃんが土地や資産を持っていて家の中でも力を持っているというご家庭も多いものです。女性であれば、南西を吉相にしておきたいものですね。

東北は後継者の場所です。ご相談としても非常に多いものになります。私はよく、出張鑑定でご相談者様の家に呼ばれて行くのですが、家の後継ぎが生まれない、長男がいるが遠方で暮らしていて戻ってこない、代々養子を迎えているなどの事例を見ることがあります。そのような家に共通して見られるのが、東北の凶相です。東北が大きく欠けていたり、トイレや浴室があるなどの場合に、このような問題に悩まされるようです。また親戚関係の意味合いもあり、欠けていると頼りにならず、トイレや浴室だと関係性に問題が生じて揉め事に発展する場合などもあるようです。

西は18歳未満の女児の場所となります。お嬢さんがいらっしゃる家は西の凶相は避けるべきです。お嬢さんの素行に問題が出ると言われていて、友達の家を泊まり歩いて家に帰ってこないとか、悪い仲間ができるなどの事例が多くあります。お嬢さんの問題で悩む親御さんは家の西側の凶相を疑ってみてください。

東は長男の場所となります。東が凶相である場合、長男が頼りにならない、自立できないなどのマイナスの影響があるようです。

東南は長女・結婚適齢期の女性の場所です。特に良い縁談に恵まれるかどうかにかかってきます。凶相の場合はなかなか結婚のご縁がまとまらないことが多いようです。一人暮らしのマンションであっても、東南が欠けている凶相に住んでいると、結婚の機運を逃しやすくなります。ご結婚を望まれている場合は、東南が張っている、窓がなく壁になっているといった吉相の部屋に住むことをお薦めいたします。

東南が吉相の家に引っ越してから間もなく良いパートナーに巡り会えたという実例もあります。

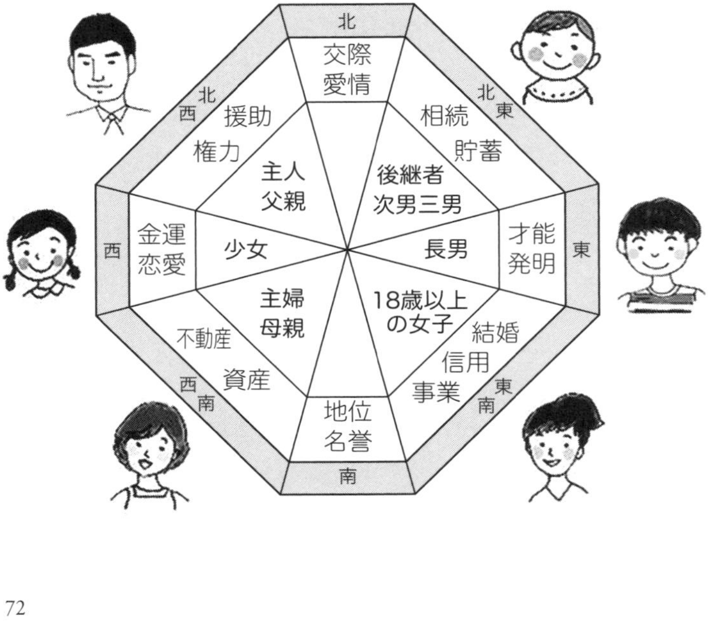

このように家族の役割ごとの方位があるのですが、その方位にその人の部屋を作ることが吉となるわけではありません。東は長男の場所だから、長男の部屋を東に配置した方が良いですか？といった質問を受けることがあります。これは間違いで、部屋割りについては、後ほどお話しする風水インテリアによる吉凶に基づきます。

運 気

西に黄色いものを置くと金運がアップする……とよく言われますが、方位にはそれぞれの場所に、運気アップのエネルギーが含まれていると言われています。方位ごとの運気を北から順に見ていきましょう。

方位が持つ運気エネルギー

方位	運気エネルギー	方位	運気エネルギー
北	交際・人脈・子宝	南	地位・名誉
東北	相続・貯蓄	南西	不動産・資産
東	発展・新規事業	西	金運・恋愛
東南	信用・縁談・商売	北西	援助・権力

北

「北」は直射日光が当たらず、暗くて寒い場所です。季節で表せば冬、時間で言えば真夜中となります。司る運気は交際・人脈といった人との繋がり。特に男女の交際や秘密裏の交際などを意味します。中でも重要なのは、子宝に恵まれるための大切なエネルギーを含むことです。北が玄関やトイレであったり、欠けている状態であれば、子宝に恵まれにくいと言われます。お子様を望まれるご家庭では、北の凶相は注意が必要です。また建て売り住宅やマンションの場合、北を玄関にして南をリビングにする間取りがセオリーで、北が凶相の建物が非常に多くあります。その結果、マンションに住む人口を表すグラフと出生率の低下を表すグラフの動きが、同じような形をたどっているそうですよ。

北が凶相の場合は……

- 子宝に恵まれない
- 友人に恵まれない
- 水難事故にあう
- 色気問題を起こす
- 泥棒に入られる
- 感染症にかかる

東北

「東北」は季節で表せば冬の終わりから春にかけて、新たな1年へと移り変わる時期、2月3日～ 4日の節分に当たります。旧暦ではこの日から新しい年になります。節分と言えば、鬼が出てきますね。鬼と言えば、丑の角を生やし寅の縞々パンツを履いている姿を思い描きますが、これも十二支から来ています。家相上では、十二支で方位を表しますが、この丑・寅は方位で言うと東北です。いわゆる「鬼門」のある場所です。普段、家相は気にしないけど「鬼門」だけは用心するという方も多く、とにかく怖い場所だというイメージをお持ちのようですね。鬼門は怖い場所というよりも大切な場所で、次の新しい世代への継ぎ目、世代を繋ぐエネルギーを持つ、変化の場所です。家の繁栄が何よりも大切だった昔の時代の人たちにとって、最も重要な方位であったと言えます。

前述の健康の中で、東北は関節に影響を及ぼす方位であると言いましたが、この関節も、体の部分と部分を繋ぐ役割を果たす部位です。家族の役割の中では、後継者の場所と表現しましたが、これも世代と世代を繋ぐ人になります。

そのほかにも、貯蓄や相続の意味合いがあり、金庫を置くのに最適な方位となります。ぜひ東北の部屋に金庫を置いて、貯めるエネルギーをアップさせてください。

東北が凶相の場合は……

- 後継ぎ問題が起こる
- 相続上の問題が起こる
- 身内の争い事が起こる
- 主婦の健康に問題が出る
- 蓄財力の弱い家となる

東

「東」は朝に太陽が昇ってくる方位で、新しいことがスタートするエネルギーに満ちています。

まさに日の出の時、季節では3月の春を表し、春に芽吹いた木々がぼうぼうと震えながら伸びるようなイメージで、新しいことを発見・発明したり、才能が開花する、若返る、飛躍を意味します。震えるエネルギーというところから電波、電気、音楽と相性が良いと言われる場所で、オーディオや電話、パソコン、電気調理器などを配置するのに良い方位です。

東が凶相の場合は……

- 詐欺にあう
- 悪い噂がたつ
- 家の周りが騒々しい環境になる
- 喧嘩の多い家になる
- 交通事故の被害にあう
- 発展性のない家になる

東南

「東南」は午前中の一番良い光が当たる場所で、季節では4月～5月、春の終わりから初夏にかけてのすがすがしく気持ちの良い時期で、様々な運気が整うエネルギーに溢れています。縁談が整い結婚を迎えるための結婚運、信用や取引が整い商売が上手くいくための事業運というように様々なご縁を司る大切な方位とされます。凶相の場合、縁談がまとまらずに婚期が遅れるとか、事業が上手くいかないというような結果になります。

東南が凶相の場合は……

- 結婚が遅れる
- 縁談がまとまらない
- 商売が上手くいかない
- 信用のない家になる

南

「南」は太陽が一番高いところに来る方位で、時間で言えば正午、季節では真夏を表します。明るく強い光に照らされて、様々なものが明らかになるイメージです。脚光を浴びたり人から功績を認められることから名誉運や、地位や権力を司る場所です。サラリーマンにとっては出世の場所、ほかには子供の勉強、女性の美容に対するエネルギーをアップしてくれる方位でもあります。凶相の場合は、白昼の下に晒され、隠し事がばれる、お叱りを受ける、争い事が起きる、離婚するなどの展開に繋がります。

南が凶相の場合は……

- 喧嘩が多い家になる
- 訴訟を起こされ裁判沙汰になる
- 子供の学力が伸びない
- 離婚にいたる
- 出世が望めない
- 火事に見舞われる

南西

「南西」は昼から夕方にかけて、季節で言えば夏の終わりから秋の初めとなり、夏の暑さを過ぎてこれから実りの秋を迎える時期です。万物を生み出す大地のエネルギーに溢れ、全てを受け入れて生み育てる母親のようなイメージです。裏鬼門のある方位でもあり、家庭運や不動産運、資産などを司ります。

南西が凶相の場合は……

- 不動産に縁がない
- 土地の問題が起こる
- 主婦にストレスがたまる
- 家庭運が悪くなる
- 心の迷いが多くなる
- 無気力になり、働く意欲が湧かない

西

「西」は季節では秋。実りの秋、収穫の秋、収穫物が金銭を生み満たされる。飲んで食べて、歌って踊って、恋をして……そんな悦びのエネルギーに溢れています。運気では金運と恋愛運を司り、どちらも万人の欲する運気ですね。吉相であれば金運に恵まれます。家の西側に別棟があれば、これは金蔵となってお金を生み出す力をアップしてくれます。ただ、母屋よりも大きな別棟は借金となりますのでお気を付けください。大きな窓や玄関があると凶相で、金運が流れ出て出費の多い家となります。

西が凶相の場合は……

- 金運が悪い
- 無駄な出費が多くなる
- 不倫問題が起こる
- 口が悪くなり、言葉で失敗する
- 愛想がなくなる

北西

「北西」は季節では晩秋の冬支度に入る前まで、時間は19〜23時で１日の終わりを迎える時となります。充実、完全、高級、円満、威厳、権力などのエネルギーを司ります。方位の中でも一番高貴な場所です。自分よりも権力がある人や目上の人からの援助や引き立てを受けることができる場所で、運気は援助運や勝負運に関わってきます。

北西が凶相の場合は……

- 主人に権威がない、不在である
- 交通事故を起こす
- 社長や目上の人に嫌われる
- 投資に失敗する

- 独立、起業して成功できない
- ギャンブルで大負けする

家相図で見る吉相と凶相

下の家相図で吉相と凶相の条件を見てみましょう。吉相の場所には（+）、凶相の場所には（−）の記号を付けています。

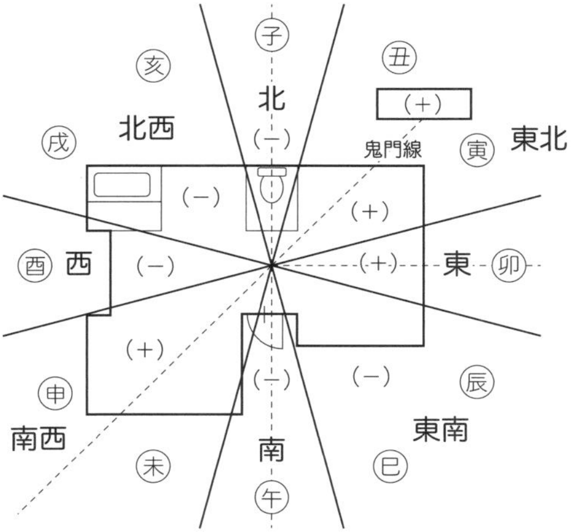

北から時計回りに見ていくと、北にはトイレがあり凶相、東北は壁で止まっていて吉相、別棟もあってさらに吉相、東は壁で止まっていて吉相、東南は欠けているので凶相、南も欠けて玄関になっているので凶相、南西は張っているので吉相、西は欠けているので凶相、北西はお風呂があるので凶相となります。

例えば、この家相図のような家に十二支が巳の人が住んだ場合、その人の健康は東南の場所の吉凶による影響が及びます。この家は東南が大きく欠けているので、凶相となります。体で言えば、腸や食道、頭髪などがウィークポイントとなり、病気が出やすい部位となります。

またご家族に20歳以上の結婚適齢期の女性がいる場合、東南が凶相の家では、結婚がまとまらないとか良いご縁がこないなどの問題が起こります。東南は商売上のご縁や信用、取引といった意味合いもあるので、商売や経営をされている方は大切にするべき場所になります。

さらに九星の場所から、仕事運などの社会的運勢の吉凶を見ます。もし、九星が二黒土星の人が住んだ場合は、南西の場所を見ます。この家の南西は大きく張り出しているので、仕事や社会的活動において大いに活躍できる吉相となります。

ご家族の十二支や九星の場所が凶相である場合には、炭を置いたり、風水カラーのインテリアを取り入れて、その方位のエネルギーを補ってください。

経営者が使う商売繁盛の方位

ここまで見てきたように、方位にはそれぞれに与えられた意味合いがあります。そして凶相であれば、運勢や人間関係、健康面に対して影響が出てきます。反対に吉相であれば、方位の力を味方につけて、運気アップに繋げることができます。特に、経営者の方には大切にしてほしい商売繁盛の方位がありますので、店舗や事務所などにぜひ取り入れてみてください。

「巳」東南の方位は …… お客様・信用・取引
「酉」西の方位は ……… 現金
「丑」東北の方位は …… 貯蓄

の意味合いがあります。

巳・酉・丑の三方を吉相にすると、良いお客様による良い取引が増え、現金がたくさん入って、資金を蓄えることができるようになります。この方位に張りを作る、倉庫などの別棟を置く、埋炭を施すなどして力を持たせると、商売繁盛に繋がります。トイレや手洗いなどの不浄なものを配置しないことは当然で、窓がある際は、光だけを取り入れるようにして、開けっ放しにすることは控えてください。丑の東北には貯めるという意味合いがありますので、金庫を置く場所として使うとお金がよく貯まると言われます。これはご商売に限らず、家の金庫も同じですのでぜひお試しください。

また、事務所などの社相も考える必要があります。事業が上手くいくように社内環境を整えることはもちろんですが、会社内の人間関係、例えば、社長と従業員、従業員同士の関係性が自然に上手くいくように風水で机の配置を考えることも大切です。多くの社員に気持ち良く働いてもらうためには、社内の空気感がとても大切です。そのためにも主従関係のバランスが保てるように、お互いのエネルギーのバランスがとれる空間作りを考えましょう。社長室やボスの机の位置、ナンバーツーの机の配置次第で、社内の力関係を自然と秩序あるものに保ちます。

そして、従業員の部屋は東に作ってはいけません。東は若者の場所であり、従業員の控え室などを配置すると、社内でのパワーバランスが崩れ、良好な人間関係の構築が難しくなることがあります。元気な社員が気持ち良く働ける職場にするために、部屋の配置には注意が必要です。控え室の方位として一番理想的なのは、南西です。上司と部下や社員同士のコミュニケーションが取りやすくなり、職場の雰囲気が良くなります。活発な意見交換も行われるようになり、仕事の効率も上がります。

凶相を補う風水インテリア

家相の善し悪しは判明しましたが、自分の家が凶相の条件に当てはまっていたら、気持ちが落ち込んでしまいますよね。どのようにして改善したら良いのか、その方法を知りたいと思われることでしょう。新築であれば、一から吉相の間取りで設計することもできます。タイミング良くリフォームの計画があるとしたら、それもラッキーです。が、すでに建ってしまった家やマンションの場合、引っ越しをするしか対処法がないとしたら、それは悲劇的な話です。家相の影響は大きなものですが、悪い悪いと思っている気持ちこそが、さらにマイナスの影響を与えてしまうでしょう。家相の悪い家も風水を取り入れることで難を無難に変えることができると知ってほしいのです。

風水ではその場所自体が持つ五行のエネルギーと、その場のエネルギーを生み出してくれる五行の色や柄、素材、アイテムを取り入れることで気のバランスを整えます。

その中でも、特にインテリアとして取り入れやすいのが色になります。

風水では色の力によって気のバランスを整えます。どうして色にそんな力があるのか？と、不思議に思われるかもしれません。人の目で見ることができる波長の電磁波を可視光線と言います。この波長の長さやエネルギーの量によって、色の見え方が違ってくるのです。波長の短い方から順に紫、青紫、青、青緑、緑、黄緑、黄、オレンジ、赤となります。人の目では特定の範囲の波長しか認識することができず、一番波長の短い紫の外側が紫外線、一番波長が長い赤の外側が赤外線となります。

私たちが普段何気なく目にしている色ですが、紫外線や赤外線と同じように電磁波のエネルギーを持っていると知れば、色が持つ力にも納得ができます。実際に医療の現場では「色彩診断治療」という色の持つ力を使った治療も行われています。薬の薬効成分と同じように効果がある色紙を体に貼ることで、痛みを取ったり病気を治す治療法です。これは風水と同じく陰陽五行による中国医学を基礎としているもので、驚くべき効果を数多く上げているそうです。色って実はものすごいパワーを持っているんです。そんな色の力を使って風水家相での凶相をカバーするのが、風水インテリアでの色の役割です。方位にもそれぞれ司る色があり、色を使うことでエネルギーを補い、マイナスをプラスに変えていきます。家の凶相に当たる玄関やトイレ、浴室などには、壁紙やマット、スリッパなどの小物類に、方位と相性の良い色をぜひ取り入れてみてください。

五行のインテリア

五行の「木」は大きな樹木や草や花を意味します。木のエネルギーは木製製品、カゴ、観葉植物、生花などに宿っています。すっきりとしたデザインの和の素材や自然素材を使ったアイテム、木目調の家具やコットンや麻のファブリックを取り入れましょう。壁紙は白、ベージュ、アイボリーなど明るい色調のベースカラーにし、カーテンやマット、クッションなどはブルーやグリーンのカラーで、柄物であればボタニカル柄や、色合いのハッキリしたストライプ柄をアクセントに取り入れるのも良いです。

木のアイテムを代表する観葉植物は誰にとっても吉になりますが、お部屋の良い気を増幅してくれる葉っぱに丸みのあるものを選びましょう。さらに籐や竹で編んだカゴなどに入れるのがベストです。

五行の「火」は赤々と熱く燃える太陽のエネルギーを意味します。火のカラーである赤は広い面積に使うと威圧感が出るので、赤いイスや赤いソファーといった家具でワンポイントとして取り入れると良いでしょう。カーテンやラグマットには、暖色系でも柔らかな色調のピンクやオレンジなどを使いましょう。また相性の良い「木」のテイストを持つナチュラルな家具とまとめると、ほどよく元気で明るい印象になります。オレンジ系は木目と似たような色調なので派手になりすぎず、カジュアルな空間に仕上がります。さらに照明器具にこだわって、形にインパクトのある電気スタンドや個性的なライトを取り付けるとさらに火の気が高まります。アイテムでは太陽や星など多角形のインテリア小物、キャンドル、電気スタンド、赤富士の絵や写真があります。

五行の「土」は万物を生み出す母なる大地を意味します。重厚で落ち着きがあるテイストのインテリアになります。内装のベースカラーは深みのあるブラウンを使い、全体的にはベージュや茶系統など暖かみのある雰囲気の空間にしましょう。家具は四角形でどっしりとした存在感と高級感がある上質なものを。本物志向で良いものを長く使うスタイルが吉となります。壁には田園風景や女性が描かれた絵画をゴールドの額縁に入れて飾ると気のエネルギーが高まります。壁紙の一部にタイル調のものを使って変化をつけるのもお薦めです。照明の明かりも暖かみのあるオレンジ色の光でくつろぎを演出すれば土の気が高まります。

五行での「金」は光り輝く宝石や金属を意味します。女性らしくエレガントな雰囲気のインテリアです。キラキラと輝くシャンデリアや、細かい細工が施された小物を飾って優雅な空間を作り出しましょう。ファブリックや壁紙には、曲線の美しいアーチ柄、リボン、紋章などのモチーフがよく合います。カラーは白、淡いグレーなどの明度の高い色を中心に使い、薄紫色や淡いピンク、水色といったペールカラーを差し色に使うと良いでしょう。さらに、キラキラ輝く金や銀の光り物をプラスすると一層華やかになります。カーテンもビロードやシルクなどの光沢感のある生地をたっぷりと使ったドレープカーテンにすると、エレガントな空間になります。

五行での「水」は恵みをもたらす雨や海を意味します。黒やグレーの濃淡を活かしてクールで都会的な空間を演出しましょう。モノトーンによるインテリアも使う色の面積によって印象が全く違ってきます。白や明るめのグレーを多めに使うと広々とした印象になり、黒を多めに使うと重厚感溢れるモダンな印象になります。ただし、モノトーンだけでは寒々しい空間になってしまうので、ブルーやパープルなどの差し色をアクセントに使いましょう。暖かみを足したければ、ベージュやペールピンクなども相性が良くてお薦めです。またファブリック類には、波や水紋などの曲線的でコントラストのある柄を取り入れるのも変化がついて良いでしょう。家具も流れる川のように曲線的なデザインのものを選びましょう。小物はガラス製品やクリスタル素材のもの、透き通る水をイメージさせるようなアイテムをポイントに飾ってください。

五行が持つそれぞれのイメージがありますが、中でも一番取り入れやすいのが、色だと思います。色は壁紙やマットなど広い面積に使われるので、その分、影響力も大きくなります。家の方位にも五行のそれぞれに合った色があり、その色のエネルギーを補うことで、マイナスをプラスに変えていきます。家の凶相に当たる玄関やトイレ、浴室などには、壁紙やマット、スリッパなどの小物類に風水カラーをぜひ取り入れてみてください。

それでは方位ごとに相性の良い風水インテリアをご紹介します。

東北・南西と相性が良いのは「土」「火」のアイテム

東北と南西は「土」のエネルギーを持った方位で、表鬼門と裏鬼門のある方位です。トイレや浴室といったものはできるだけ配置したくない場所です。家相を気にしない建て売り住宅の設計士さんでも、鬼門のトイレだけは避けるように設計されています。とはいえ、気にして見てみると鬼門に水回りがある……なんて場合もありますよね。そんな時は東北の

「土」のエネルギーをアップしてくれる五行のカラーやアイテムをプラスすることで、凶をカバーします。東北と南西には、その方位の五行カラーである「土」とエネルギーを生み出してくれる「火」のアイテムを使いましょう。

例えば、「土」そのものを意味する茶色、黄色、ゴールド、ベージュといったカラーを壁紙や床材などに取り入れてください。ベースカラーとして落ち着きがあり、使いやすい色味だと思います。壁にタイルや大理石などをはめ込んで、空間のアクセントにするのも良いでしょう。さらにマットやタオルはチェック柄やボーダー柄のものを使うとか、壁に絵画を飾るとエネルギーアップに繋がります。

南と相性が良いのは「火」「木」のアイテム

南は「火」のエネルギーを持った方位です。特に、南側に水回りがある間取りは「水」が「火」を消す状態となり、問題ありです。新築の場合は、南側（巳・午・未）の範囲には水回りを配置しないこと。出世できないだけでなく、健康面では心臓、循環器系、脳などがウィークポイントとなってきます。もし、南にトイレや浴室があるならば、マメに掃除をして清潔に保つこと、換気を十分に行うことが大切です。五行のカラーを上手く使って「火」のエネルギーを補っていきましょう。「火」のカラ—は赤、ピンク、赤紫などの暖色系です。マットや小物類にぜひ取り入れてみてくださいね。窓際にサンキャッチャーを飾ってください。サンキャッチャーは窓辺につるして太陽の光を当てると、部屋の中に小さな虹色の光を拡散させることができ、光のエネルギーによって浄化してくれる効果があると言われます。太陽の光を部屋中に広げることは運気アップにも繋がります。また、「木」のエネルギーをプラスすることでも凶相をカバーすることができます。

東・東南と相性が良いのは「木」「水」のアイテム

東と東南は「木」のエネルギ－を持った方位です。「木」は「火」と「水」との相性が良いので、ガスの火と水を使うキッチンを配置するのに良い場所です。中でも東の甲・乙の15度の範囲に水回りが配置できるのが理想です。トイレや浴室もこの範囲であれば、無難に配置することができます。そしてトイレマットやスリッパ、風呂桶や洗面器などに青や緑、水色などを取り入れましょう。柄はストライプや草木柄などが相性が良いです。「水」も「木」のエネルギーを育ててくれるプラスの関係です。「水」の要素を含んだ水玉模様や船、貝殻の模様なども良いでしょう。観葉植物を置くことで、さらにエネルギーを整える効果が期待できます。

北と相性が良いのは「水」「金」「木」のアイテム

北は「水」のエネルギーを持った方位です。トイレや浴室、井戸や浄化槽など、ほかには配置しづらい水物を無難に設置することができる場所です。とはいえ、北の真ん中である正中線は避けて、北の方位線の両端にある壬・癸の範囲に配置してください。水回りに使う風水アイテムは「水」と「木」の要素を含んだもので色や柄、素材を選んでください。黒や濃いグレーや紫などがエネルギーをアップしてくれます。ただ、内装の色としては使いづらいと思われるかもしれません。そんな時は、色は自分の好きな色にして柄を水玉や魚、波模様などにするのもＯＫです。また、「木」の色である青や緑、水色もOKです。相性の良い素材にはガラスや貝殻があり、アイテムとしては花瓶や水槽を置くと、エネルギーアップが期待できます。

西・北西と相性が良いのは「金」「土」のアイテム

西と北西は「金」のエネルギーを持つ方位です。この方位にトイレや浴室などの水回りを配置することは、あまりお薦めできません。相性は悪くはありませんが、「金」は「水」を生み出す関係にあるため、「金」のエネルギーがダウンします。

西は金運を司る場所であり、北西は家庭でのご主人の座を司る大切な場所です。できるだけ清潔に保ち、「金」のエネルギーをアップさせる風水インテリアを取り入れましょう。「金」のエネルギーを補うためには、「金」のカラーである白、淡いグレー、シルバーを取り入れてください。壁紙などの広い面積にも使いやすい色味だと思います。キラキラと輝く素材と相性が良いので、ステンレス製品や宝石類、ピカピカに磨いた鏡も「金」のエネルギーをアップしてくれます。カーテンの素材もビロードやシルクなど光沢のあるものを選びましょう。

また、「土」のカラーである黄色やゴールド、磨きのかかった大理石も金運アップに繋がりますので、アクセントとして取り入れると良いでしょう。

五行	色	柄	素材	アイテム
水	黒 濃いグレー 紫 紺 水色	水玉・波模様 船・貝・魚・カエル 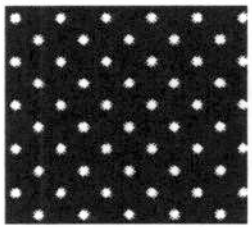 	ガラス クリスタル 貝殻	花瓶 水槽
土	茶 黄色 ベージュ ゴールド	チェック柄・ボーダー柄・ ウシ柄 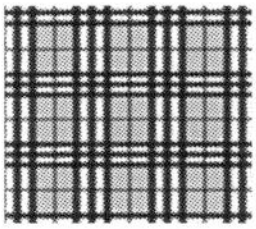 	陶器 タイル 大理石 皮革	絵画 羊毛製品
木	青 緑 黄緑色	草木柄・花柄・ストライプ  	木 紙 コルク 自然素材	植物 花 カゴ
火	赤 ピンク 赤紫	幾何学模様 星・太陽柄・三角形・ ゼブラ柄  	プラスチック 化学繊維	照明 キャンドル サンキャッ チャー
金	白 淡いグレー シルバー 透明	楕円形・鳥の模様・フルーツ柄  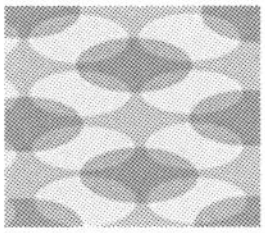	金属 シルク ビロード	鏡 リボン 宝石

玄関と水回りの開運ポイント

昨今のインターネットの普及には目を見張るものがあります。家庭にいながらにしてあらゆる情報が手に入る便利な時代になりました。疑問に思ったことは、ネットで検索すればすぐに答えを見つけることができます。当社のホームページに無料相談の窓口を設けています。日本全国から風水家相に関するご質問やお問い合わせが月に数十件はあり、時には海外からもご相談が寄せられます。ご相談の内容は、風水や家相についての簡単なものから、非常に個人的なものまで様々。そんなお客様が一体どんなキーワードで探しているかを調べてみました。

検索される件数は「家相」よりも「風水」の方が圧倒的に多く、さらに風水の中でも「風水玄関」といったキーワードが上位にあがってきます。このことから、風水家相に興味を持っている方の多くが、とりわけ玄関を開運のポイントに考えていると分析できます。

実際に、無料相談でお受けする内容としても、玄関に関するものが多くあります。「新築の間取りを検討中なのですが、北側に玄関がきてしまいます。北側の玄関はあまり良くないと聞きますが大丈夫でしょうか？」といった間取りに関することから、「玄関に鏡を飾る場合、入り口から入ってどちら側の壁に飾ったら良いでしょうか？」といったインテリアに関することなどです。

多くの方が気にされる玄関は、やはりとても重要な場所です。その家にどんなご家族が暮らしているのかを感じ取ることができるお住まいの顔であり、ご家族の顔とも言えますね。また、玄関は「気」の入り口です。玄関を吉相にすることで、お住まいに良い気を引き込むことができます。

玄関は、当然ですが開口部であり、靴を脱ぐための土間が床よりも一段低く作られています。となると、凶相の条件に該当しますので、玄関は凶の要素を含む場所となります。玄関を吉相にするには一工夫いるわけですが、理想は外に張り出した出玄関を作ることです。凶相の条件の「欠けている」の反対は「張っている」状態。昔は玄関を張り出す形で設計した出玄関のお家が多くありましたね。凶の意味合いを家の外側に張り出させることでプラスの意味合いへと転換していました。しかし、昨今の住宅事情では出玄関にできるほどのスペースはありません。コスト面を考えてもなかなか難しいのが実情です。玄関のマイナスをカバーするには、玄関ドアや壁紙、玄関マットなどに方位別の風水カラーを取り入れて、その場所の気を高めることをお薦めしています。

また、玄関は道路との関係からおおよそ配置が決まってきますので、周辺環境を考慮し、凶相を作り出さないようにする必要があります。古来から風水では、地中の気の流れを読み、土地の吉凶を見極めてきました。玄関の方位によって、いかに良い気を取り入れるかが開運の鍵になります。反対に悪い気を取り入れてしまうと、運気が急激にダウンします。

これからご紹介するのは、気の入り口を不用意に移動したことで、家族が崩壊してしまった方の実話です。都心部にあっても、古い神社や仏閣が多くあることで、開発されないままに残されている町がよくあります。風情ある町並みではありますが、細い路地が入り組んでいて車を運転する人にとっては何かとストレスを感じるものです。そんな古い町に建つ古い木造家屋で自営業を営んでいたＳさん一家。仕事でトラックを使っていたＳさんは、いつも車の出し入れにストレスを感じていたそうです。

ある時、Ｓさんは大通り側からスムーズに車の出し入れができるように庭の一部を壊し、新たに車庫を作ることにしました。しかし、その出入り口を作ったことで、Ｓ家は「路殺」の凶作用をまともに受けることになりました。「路殺」とはＴ路地の突き当たりに建つ家に、道路からの気が真っ直ぐ突き当たる状態を言います。この突き当たりには、決して出入り口を作ってはいけないのです。外からの強い気が家の中に飛び込んできて、住人の気を乱してしまうからです。

結局、車庫の出入り口を変えてから１年もしないうちにＳ会社は倒産。あげくの果てに借金を残し、Ｓさんは若い女性と蒸発。残されたご家族は夜逃げし、自宅は競売で売りに出されるという結末を迎えました。ここで一つ注目すべき点は「競売」です。「競売で手に入れた土地は、また競売にかけられる」と言われます。土地を競売にかけられて手放さなければならないような場合、その土地自体のエネルギーが弱く、マイナスに作用しているのです。

エネルギーが弱い土地に暮らす人たちは病気がちで、商売が繁盛することはありません。この負の連鎖を断ち切るために、私たちは風水埋炭を施して土地のエネルギーを上げ、磁場を改良します。

さて、それから数年後、Ｓさんの家は取り壊されました。次にその土地を手に入れたのはある税理士さん。自宅兼事務所として３階建てのビルを建てたいというご希望でした。やはり使い勝手を考えると、大通り側から出入りできるようにするのが理想です。ここでポイントとなったのが、玄関が道の正面に当たらないように、玄関の位置をずらすことでした。さらに、玄関扉を全面総鏡張りのものにして大通りから入ってくる気をはね返すようにしました。おかげ様でこちらの税理士事務所は毎年のように新規顧客を増やし続け、規模を拡大されています。

お住まいの設計では、快適性や動線を第一に考える必要があります。玄関も道路などの周辺環境を考慮して、使い勝手の良い場所に設計すべきです。しかし、そこには風水家相からの視点も忘れてはいけません。

玄関などの開口部と同じように、設置場所に工夫が必要な設備に、お風呂やトイレがあります。風水家相を取り入れた設計を考える際に、一番頭を悩ませる場所です。というのも、これらの設備は家のどこにあっても吉に働くことがないからです。昔のトイレは衛生面から、母屋の外に切り離された外

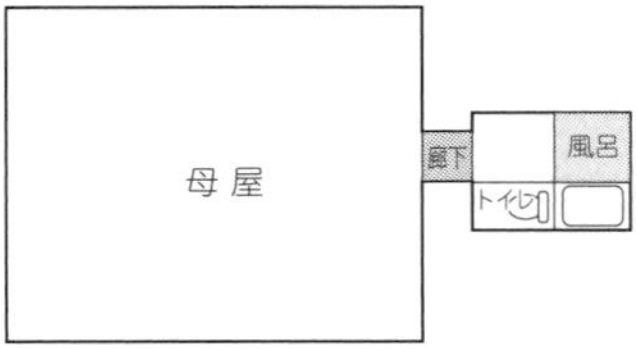

厠になっていました。実は、これが最も理想的な形なんです。今でも土地に余裕のある富裕層のお宅では、左の図のように、トイレとお風呂を母屋から切り離し、屋根も壁もある短い渡り廊下で繋いだ別棟とします。

　または、北の壬・癸と東の甲・乙の場所に配置するよう設計します。とはいえ、そんな間取りは無理だ……という方には、以下のような対処法をお薦めしています。

　まずはお風呂。毎日体の汚れを洗い流すところですから、どうしても汚水と一緒にジメジメとした陰の気がたまります。運気を上げるには、土地の気を引き寄せてエネルギーを高めることが重要なんです。でも、湿気のある場所には気をとどめる力がないんです。だからどうしても、お風呂やトイレはエネルギーが弱い状態となり、健康運に対してマイナスに働きます。どこにあっても問題の多いこれらの水回りは、湿気対策が肝心です。使い終わったらすぐに窓を開けて空気を入れ替えましょう。窓がない場合は、24時間換気をしてできるだけ湿気を取り除くこと。いかにカラッとした空間を作り出せるかで健康運が左右されます。

賢い主婦（主夫）であれば、お風呂の残り湯を翌朝の洗濯に取っておきたいと思うものですが、なるべくその日のうちに使い切るようにしましょう。また、お風呂を使った後は壁や鏡、蛇口などを乾いた雑巾でサッと拭き上げてから上がる。石けんやシャンプー、リンスなどの入浴セットは浴室に置きっぱなしにせず、一つのカゴに入れて使う時だけお風呂場に持ち込むようにすればカビ予防にもなり、清潔に保つことができますよ。

お風呂と同じく、どこにあってもマイナスに働くのがトイレ。家の中で一番汚れる場所だからこそ、いつも清潔で綺麗に使いたいですね。ある企業の調査でも、トイレ掃除を毎日する男性としない男性とでは、年収に数十万円の差があったとか、出世率が２倍違ったとか……そんな結果が出ているそうです。何はともあれ、運気を上げるにはお掃除と換気が肝心です。また、便座のフタは毎回きちんと閉めて、汚水の陰気が上がってこないようにしておきましょう。それからトイレにぜひ置きたいのは、炭と風水インテリアです。

トイレの凶相を改善できた実例として、こんな話があります。適齢期になるお嬢さんが婦人科系の病気を患っていて、どうしても風水家相が気になるというお父様からのご依頼をいただきました。間取りを見ると、北側に大きく欠けた玄関があり、隣り合ってお風呂・トイレがあるというお住まいでした。お嬢さんは子歳生まれで、健康運も社会的運勢もお住まいの北側の状態に強く影響される方でした。先に述べたように、お住まいの北側は体で言えば下半身を意味します。女性の場合、子供を宿す子宮の位置です。とはいえ、欠けた玄関を張り出させることは現実的に難しく、お風呂・トイレを移動することもできません。

そこで私たちは、凶相を吉相に変えるべく埋炭を施し、トイレに風水インテリアを取り入れました。壁紙を北と相性の良いグレー系に変えて、花瓶を配置しました。それからほどなくしてお嬢さんの体調は改善し、次第に婦人科に通わなくてもよいほどに回復されたそうです。笑顔と自信を取り戻されたお嬢さんは、その後、素敵なお医者様との縁談がまとまり、ご家族で大変喜んでおられました。

第3章
日常に取り入れたい炭の力

家相よりも大切な磁場の影響

私たちの心や体、ひいては運気の善し悪しにも強い影響を与えるものに、地球の磁場である地磁気があります。私たちの脳の中には極めて小さな磁石のようなものが数百万個も存在していて、磁場が安定した環境の中で安定した働きをするようになっています。ですから、磁場の状態が悪い場所では脳が異常な働きをし、心や体に悪い影響を及ぼすのです。

私は、出張鑑定の依頼を受けてご相談者様の家に伺う機会が多くあります。そして方位磁石で測ってみると、針がクルクル回って方位を定めることができなかったり、全く違う方位を示してしまうことがあります。このように南北が正しく測れないような土地では、様々な問題が起こります。脳内の電気信号も少しずつ狂ってしまうためなのか、感情が安定せず家庭内で喧嘩が絶えない、学校や会社に行くことができずに引きこもる、何事にも気力が湧かずにうつ状態になる、集中力が低下して車の事故が多発するなどの現象が起こります。これは明らかに磁場の悪い土地の悪影響です。

その場所の善し悪しを分かりやすく教えてくれる存在が木です。木＝気であるということです。木が育たない、枯れやすい土地というのは磁場の状態が悪い土地だと考えられます。土地の磁場が乱れているような悪い土地では、私たち人間だけでなく動物、大切なペットたちにも影響を及ぼします。私たちよりも敏感にその影響を受けていると言っても良いでしょう。家族同然の彼らを守ってあげたいです。

動物の多くは地磁気を感じ取って生きています。渡り鳥や回遊する魚もそうです。風水ではカメが霊獣とされ、風水の四神である朱雀・白虎・玄武・青龍の中の玄武に当たる特別な存在です。そんなカメの中でもウミガメは、世界各地の浜で孵化した後、何年間も広い海を回遊して、自分の生まれ故郷に戻ってきます。そして産卵する。回遊での長距離移動には正確な位置情報は絶対に必要なものです。渡り鳥や回遊する生き物の多くは、目に見えない地磁気を感じ取って位置情報を得ています。ウミガメもこの方法で位置を確認して故郷に戻ってくると、最新の研究によって明らかになりました。海岸線の各地点には固有の磁気特性があって、ウミガメはこの信号を覚えていて、故郷に帰るための体内コンパスにするのだそうです。地磁気は時間とともにゆっくりと変化しますが、その変化に合わせて、ウミガメの巣作りの場所が移動していくことも明らかになりました。この自然界に存在する電気の流れこそ、全ての生命の源だと言って良いでしょう。私たち人間にも電気は流れ、そのおかげで命をいただいているのですから。

実際に大地には微弱な電流が流れていて、これを「地電流《じでんりゅう》」と呼びます。これまでお話してきた気の正体はまさにこの地電流なのです。一体どこでこの電気が発生しているかというと、地球の核となる部分です。そこにはマグマが流動していて、電磁気が渦巻いているのです。この活動が絶えずエネルギーを放出していて、大地の中を走っているというわけです。

マグマが大陸プレートと強い摩擦を起こした時に、強烈な電磁波が地上で測定されます。地震が起こる前兆ですね。この電磁エネルギーに異常を感じた動物たちが異常行動を起こすことがあります。犬や猫が鳴きわめいたり、池の魚が飛び跳ねたり、ネズミが集団で移動したり、ミミズがたくさん這い出してきたり。また地震雲が発生することもありますね。大地から放出された電磁波によって形成された雲が特殊な形となって現れると言われています。目には見えないけれど、確実に存在し、私たちに影響を与えているエネルギーだということです。

この地電流ですが、今では科学的に研究されています。例えば、作物がたくさん実る肥えた土地と作物の実りが悪いやせた土地では表面の電気の流れ方が違うと分かったそうです。肥えた土地は電気が安定しているが、やせた土地では不安定になる。この肥えた土地は「イヤシロチ」、やせた土地は「ケガレチ」と表現されます。

イヤシロチでは、人や動物、植物は癒やされて元気に過ごすことができ、その場にいると清々しい気持ちになります。反対に、エネルギーが弱く状態の悪いケガレチでは、病気や事故が多いなどの問題が起きやすくなります。イヤシロチのような良い土地の状態は、質の良い炭を埋めることで作り出すことができます。埋炭法と言われる手法です。炭を埋めることで、炭は炭素ですから電池と同じような装置がそこにできるため、電気を蓄えることができるのです。炭の周りには電子が集まってきて、地磁気が高くマイナスイオンが多くなります。そういった場所はいるだけで気分が良く、人も動植物も癒やされて元気になるのです。

古くから行われている伝統的な埋炭法は、土地に直径1メートルほどの大きな穴を、深さ1～2メートルまで掘り、その穴に良質な炭を500キロ～1トン入れ込み、埋め戻すという方法です。

実際に今でもこのような伝統的な手法での埋炭法は行われています。埋炭法の効果は素晴らしいものではありますが、この手法では様々な問題が出てくるのも事実です。埋炭法を施した土地の上に建物を建てるわけですから、地盤が弱くなります。また炭を直接穴の中に埋設しますので、徐々に土の中に流れ出てしまい、数年後にはほとんど空洞になってしまうという耐久性の心配があります。埋設箇所や施工のタイミングが限られるため、どのような状況でも可能であるというわけにはいかないのです。しかし埋炭は古来から行われてきた開運法の一つで、その効果はこれまで数多くの場所で実証されています。

医療の現場でも、電気治療などが積極的に行われている昨今、私たちの体と電気の関係が盛んに研究されるようになりました。電気は目には見えませんが、冬になると静電気のバチッという音と刺激に驚かされた経験があるでしょう。目には見えないけれど、私たちが身近に感じることができるエネルギーだと言えます。

空気中には電子の微粒子であるイオンが浮かんでいます。

その大きさは1000万分の１ミリほどです。このイオンにも陽と陰であるプラスとマイナスの性質があります。イオンは場所や時期によってもそのバランスが変わり、プラスイオンが多くなったりマイナスイオンが多くなったりと、いつも変化しています。

例えば山の中の渓流のように、空気中に小さな水が分裂しているようなところでは空気はマイナスイオン化します。このようなところでは空気がとても清々しく、気持ち良く感じます。反対に、街中のように車の排気ガスで空気が汚れているところや、テレビやパソコン、電子レンジといった家電製品が多く使われる部屋の中、電気自動車やハイブリット車などの車の中は、プラスイオンで満たされています。プラスイオンは体内に入ると細胞を酸性化させ、悪影響を及ぼします。酸性化が進むと、次のような様々な病気に繋がる可能性があります。肩こり、腰痛、高脂血症、ガン、高血圧、糖尿病など。また、免疫力を弱め、落ち込みやすくなったり、イライラしやすくなったり、うつ病や不安症などの心の病気を引き起こす可能性もあります。

山の中の渓流よりももっと身近でマイナスイオンが溢れている場所が、神社や仏閣です。神社や仏閣を訪れるととても清々しい気持ちになりますが、それは多くの樹木があるからだけではなく、ほとんどの神社や仏閣の下にたくさんの炭が埋められているからです。炭はマイナスイオンを発生させる自然の空気清浄機なのです。

炭はマルチなパワーを持っていますが、これは炭を顕微鏡で見ると分かります。小さな穴がたくさん空いているのです。この穴が優れもので、様々な悪い物質を吸い込んで浄化してくれます。湿度が高い時には湿気を吸い、湿度が低い時にはそれを吐き出して湿度を調整してくれます。湿気だけでなく匂いやカビも取り除いてくれるまさに天然の空気清浄機なのです。特に臭いの気になるトイレや玄関にはカゴに盛って置いておきましょう。靴箱や押し入れの中にも炭をネットなどの通気性のあるものに入れて、置くのがお薦めです。

このような炭の浄化作用は炭が持つ電導性と蓄電性によるものです。炭には電気を通して蓄えるという力があり、電化製品から出る電磁波を吸収し、ガードしてくれます。リビングの家電回りはもちろん、子供部屋や書斎などにある机の下に置くとリラックスできて集中力が高まります。また家相で凶相となる家の欠けやトイレ、お風呂などはエネルギーが弱い場所です。そこに炭が持つエネルギーを引き寄せて蓄える力を利用すれば、凶相を吉相へと好転させることができます。

私たちは朝起きてから夜寝るまで、いえ寝ている間でさえも24時間ずっと電気製品に依存して生活しています。特に寝ている間は無防備で、気の影響を最も受けやすいと言われています。携帯電話を目覚まし代わりに使って枕元で充電している方が非常に多いですが、これは大凶。できれば寝室以外の部屋で充電するのが良く、ワンルームで仕方がない場合は、せめてベッドから離れた場所に置くようにしましょう。後述の風水インテリアでも、ベッドの配置が重要になります。これも私たちは寝ている間に気をチャージすると考えるからです。良い気を受けるために、ベッドの足元に炭を置くことをお薦めします。ぐっすりと眠れるようになり、夜中にトイレに起きていた方もその回数が減ったとの報告があります。また赤ちゃんが欲しいご夫婦にも、試していただきたいです。なかなか子宝に恵まれなかった方が、炭を置いてからしばらくして妊娠できたとの実例がいくつかあります。

古代より行われてきた埋炭

炭の力を私たちに示してくれた驚きの発見がありました。

1972年に中国の湖南省長沙市郊外で約2000年前の馬王堆《まおうたい》という古墳が見つかりました。そこで出土された女性のミイラが「奇跡のミイラ」と呼ばれる驚くべきものでした。亡くなってから2000年が経過しているにもかかわらず、髪の毛は黒々と生え、皮膚には弾力があり、お腹の中には亡くなる数時間前に食べた果物の種が残ったままだったそうです。まるで亡くなって数日しか経っていないかのような状態で保存されていました。その古墳を調べた結果、周囲には5トンもの木炭が埋められていました。この木炭がものを腐らせる速度を遅くしてくれたためにこのような奇跡が生まれたのだと判明したのです。古代の中国では木炭に優れた防腐作用があることが知られていたのでしょう。

日本の古墳でも同じような話があり、遺体を保存するために木炭が使われていたそうです。その方法は古墳時代から奈良、平安、鎌倉、江戸時代と受け継がれていきました。昭

和29年に青森県弘前市のあるお寺を移築する際に、江戸時代後期の人物である津軽承祜《つぐとみ》公のミイラ化した遺体が発掘されました。やはりその場所も大量の木炭で囲まれていました。発見された当時は大きなニュースとなりましたが、ご先祖様を見世物にするのは忍びないという理由で、津軽家はそのミイラを火葬しています。

風水では古代から、炭の力を活用して土地を活性化させます。まず私は現場に行って土地の力、地電流を計測します。アナログな針の電圧計を使いますが、土地の力が弱いと針が安定せずに値を計測することができません。以前にもそのような土地があり、土を掘ってみると中から廃材の木片やコンクリートの破片、切れたワイヤーや空き缶やビニールなどの大量のゴミが出てきました。以前その土地に建っていた建物を解体し、その時に出たゴミや瓦礫が埋められている現場もありました。このような不浄なものが埋められている土地は、エネルギーが極端に弱くなります。風水上大量のゴミが埋められている土地に住むと、特に健康に影響が出てきます。土地のエネルギーを高めて安定させることが、風水上一番大切なことだと言えます。

現代的な風水埋炭法「太喜」

古来より土地を活性化させるために埋炭法が行われてきました。

しかしながら従来の埋炭法では大量の炭を必要とし、使用する炭の質にバラツキがあることから、効果のほどもあまり思わしくありません。また人一人がすっぽりと入るほどの大きな穴を掘る必要があり、工事費用が掛かるうえに地盤が弱くなるなどの問題点が多くありました。「備長炭」では数百キロから数トンという大量の炭を埋めなければ効果が得られません。また、埋設する場所や行うタイミングにも制限が出てきます。地盤等の保証ができないので埋炭を行うのはやめてほしい、とハウスメーカーから言われることもありました。

そうした様々な事情を考慮しながら、それでも埋炭の効果を手軽に取り入れてもらいたいと、工学博士で風水研究家でもある峯英臣氏が、地電流安定装置「太《タイ》喜《キ》」を発明されました。太喜は備長炭よりも炭素の純度が高いカーボンを使用しています。カーボンは電気を流しやすく、大地よりも電気抵抗が大きいという特徴があり、電池のように電流を蓄えることができます。形状を円錐形にし、先端に水晶を付けることで、蓄えた地電流を上部へと拡散するように設計されています。

この太喜は1個で備長炭の150キロ分に匹敵し、土質にもよりますが、1個埋めることで6〜9平方メートルの土地に有効で、半永久的に効果が持続します。太喜は地電流をキャッチし、その場所にためておくことができます。埋設の前後に土地の地電流を計測すると、埋設後は明らかに電流量が上昇します。

太喜を敷地内に埋設するか、あるいは部屋の中に置いていただくと、ストレスを感じにくくなり、のびやかで健康的な生活を送ることができます。また、精神活動にも良い効果が現れ、潜在能力を引き出し、願望達成に良い影響を与えるようです。埋設も工事というような大がかりなことはなく、一人でも簡単に埋設することができます。

大地にはごく微弱な電流が流れていますが、この地電流の値が高くて安定していると、植物の成長にかなり良い影響を与えます。また、大地の電圧が170ミリボルト以下だと電圧計の針が上下に動いて値が不安定なのに対して、180ミリボルト以上になると、上下にばらつくことが少なくなって安定します。特に湿気を多く含む粘土質の土地においては、地電流がかなり低くなります。これは粘土質の土地では電流が流れやすく、その場所にとどまらないためであると考えられます。

太喜を埋設する前と後で地電流を測定した結果、以下のように大地の電圧が40～100ミリボルト上昇し、かつこの値が安定していることが確認されました。

粘土質	140ミリボルト → 180ミリボルト
砂地	150ミリボルト → 230ミリボルト
マサ土	260ミリボルト → 360ミリボルト

太喜は円錐形の形をしています。この形も電流を増大させるためで、また尖った先端部ほど電気を帯びていてエネルギーが高く、先端に取り付けられた水晶球によって大地の上部に向けて電気が放射されるようになっています。その働きにより地電流は増幅され、安定した状態となります。本体は炭素を焼き固めたカーボン製品であるため、湿気のある地中

地電流安定装置「太喜」

に埋めても朽ち果てることはなく、半永久的に使用が可能です。曲げ強度はコンクリートよりも強いので、建物の下に埋設しても地盤が弱くなることもありません。

先端の水晶は、振動する石とも呼ばれる無色透明な宝石の一つです。

私たちの身近には「クオーツ（水晶）時計」というものがありますが、この時計は、水晶の振動により発生する一定の周波数の電気信号を利用することで、時間を正確に計っています。時計だけでなく数多くの電子機器に利用されている石です。太喜もこの水晶の振動の力を使って、エネルギーを拡散させています。

このように太喜を埋設した後では、大地の電圧が増幅され安定したことから、長期に渡る実験の結果、花や野菜などの植物がどんどん成長し、害虫による被害も劇的に減ったことが確認されました。

お使いいただいた方々の努力によるところが大きく、効果には個人差がありますが、次のような報告があります。

- 眠れるようになった
- 落ち込まなくなった
- イライラしなくなった
- なかなか治らなかった喘息がおさまった
- 不妊症だったが、子宝に恵まれた
- 引きこもりだった子供がアルバイトを始めた
- ペットが無駄吠えしなくなった
- 庭の草木が元気になって青々としている
- 切り花の持ちが明らかに良くなった
- 長年落ち続けた国家試験に合格できた（弁護士、医師、社会保険労務士等）
- 受注が40％アップした
- 行列のできる焼き鳥屋になった
- 客層が変わった（良い客が増えた）
- 海外進出して現地の人気店になっている
- 自社株式の東証一部上場を果たした
- ずっと売れなかった土地が売れた
- 賃貸物件に空きが出ず、常時満室状態を保っているなぜこのような効果が得られるのかは、これから科学的に解明されていくと思いますが、私は、磁場が安定することによって気が整い、細胞が活発化するからだと考えています。東洋医学で行われているように、体内に流れる気を整えて免疫力を上げていくのに通じます。

私たちの体や心に与える影響をもっと明確にできれば、より多くの方に理解していただけることでしょう。可能な限り科学的に効果を証明したいとの思いから、太喜の効果についてマウス実験を依頼することにしました。

中国・北京にある医院にて、マウスを使ってストレスやうつ病に対する効果を測る実験を行いました。その内容ですが、大まかには次のようなものです。マウスの入ったゲージの下に太喜を1ヶ月間置きます。そして1ヶ月後、うつ状態にさせる薬や電気刺激などのストレスをマウスにかけて、その直後のマウスの動きや脳内物質（セロトニン、ノルエピネフリン）の量などを調べました。

その結果、太喜には明らかに抗ストレス・抗うつ作用があることが実証されました。あくまでもマウスに対しての結果ではありますが、太喜が近くにあれば抵抗力が付き、ある程度のストレスがかかってもその影響を受けにくく、またうつ状態になりにくいということが分かったのです。太喜は医療器具ではありませんが、ストレスなどを緩和する効果が期待できると言えるでしょう。

炭の埋設・設置方法

新築で埋炭をする際は、基礎工事の段階で行います。新築の間取りが決まると、基礎伏図《きそふせず》という基礎の図面が作成されます。家の中心やトイレの下に埋炭をするのであれば、外壁から何メートルの箇所に埋めたら良いか、埋設寸法を基礎伏図に書き入れてアドバイスしています。

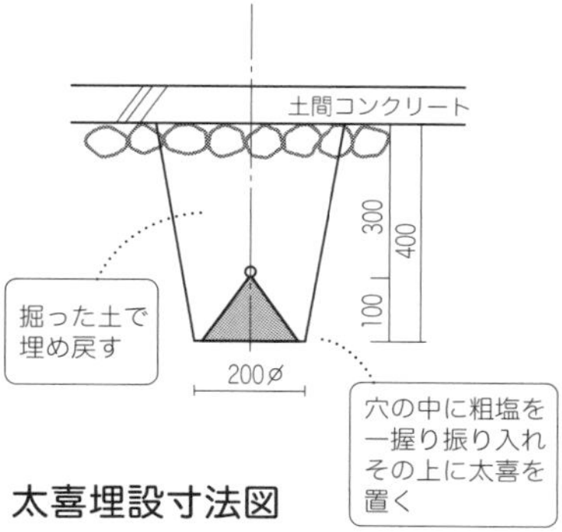

太喜埋設寸法図

住宅の基礎に太喜を埋設

後は、ハウスメーカーの営業の方にその図面を渡すと、埋設用の穴を掘ってもらうことができます。埋設用の穴は土の状態にもよりますが、深さ300～400ミリ、直径200ミリ程度の寸法です。穴の中にお清めのための粗塩を一振りしてから太喜を置いて土をかぶせます。

埋設はご主人や奥様に行ってもらい、これからどのように幸せな毎日を送りたいのか、太喜にしっかりと念を込めていただきます。効果の出方は土地の地質やご家族の運気の流れによって違ってくるので、必ず願望が達成できるとは言えませんが、多くの方々が運気を好転させているようです。

埋設するのが理想的ではありますが、マンションや既存住宅で埋めることができない場合には、炭を部屋に置くことで凶相をカバーします。特に、どこにあっても吉の作用をしないトイレや浴室、キッチンなどの水回り、そして、気が出入りをする玄関に設置して、良い気を家の中に取り入れるようにします。

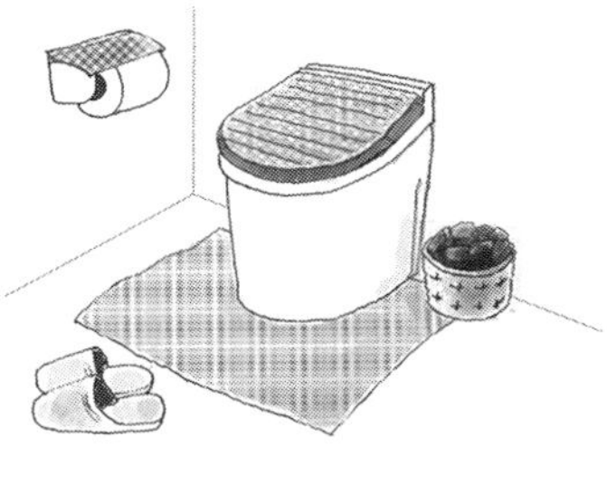

また、体調が悪い方やご高齢の方がベッドの足元に炭を置くようにしたら、不思議と体の調子が良くなった、よく眠れるようになったなどの嬉しいご報告をいただきます。また、なかなか赤ちゃんに恵まれなかったご夫婦に赤ちゃんができたという事例もあります。

このように古来から行われてきた風水埋炭法は、大地の「気」を利用して万物の生命に活力を与える科学的な技術だと分かります。気の安定した良い土地が動物や植物にとってプラスの効果をもたらすことは、紛れもない事実だと言えるでしょう。

第4章
風水家相で幸せな毎日を手に入れよう

人によって違う「気」の大きさ

これまでお話してきたように、土地や住まいの「気」を整えて良い状態を作り出すのが風水の知恵ですが、そこに暮らす私たち自身にも持って生まれた「気」のエネルギーがあります。「気」って目には見えないものですが、毎日の会話の中でもたくさん使われています。例えば元気がいい人、やる気がある人、強気な人、勇気がある人など、「気」の付く言葉でその人の状態を様々に表現できます。きっと皆さんも当たり前に使っているはずです。

今朝の様子を思い出してみてください。

「おはようございます！」

明るく元気な挨拶でスタートできましたか？　元気な挨拶は、してもされても気持ち良いものですよね。反対に暗〜い挨拶をされると、された側も気分が滅入ってしまいます。私たちは挨拶することで、お互いの「気」を交換しているんです。

人の状態を表す「気」とは、その人が持つエネルギー量の表れだと言えます。特に意識する場面としては、初対面で人に会う時です。きっとあなたも相手のエネルギーを敏感に感じ取って、「この人はエネルギッシュな人だな～、何だか負けそう……」とか、「穏やかそうな人だから、上手くやっていけそう」とか、無意識に自分との力量を比べています。それはとても動物的な感覚なのかもしれません。「気」が示すのは、その人の雰囲気であり個性でもあり、強い人もいれば弱い人もいて百人百様。それは強いから良い、弱いから悪いというようなものではなく、お互いのほどよいバランスが求められます。ちょうど天秤の釣り合いを取るように、強すぎる人からは力を抜いて弱い人には力を補いバランスをはかる。このバランスこそが、風水家相による開運の極意です。

私が風水家相の鑑定を行う際には必ず、四柱推命学による鑑定を行います。その人がどのくらいのエネルギー量を持っているかによって、凶相や悪運に対する抵抗力の有る無しが判断できるからです。家族みんなで同じ凶相の家に住んでも、同じ凶方位へ転居したとしても、そのことによって受けるマイナスの度合いは、人によって違ってきます。人によって違うというのは、その人が持って生まれたエネルギーの大小によって違うということです。

そのお住まいに、どんな気のバランスを持ったご家族が住んでいるのかを知ることが重要です。家族でも、それぞれが持つエネルギーの大きさ、エネルギー量は違います。このエネルギー量とは、その人の精神、気力、迫力、行動力、抵抗力、独立心、リーダーシップなどに表れ、自己主張の強さとも言えます。同じ親から生まれて同じように育てられた兄弟でも、おとなしい子がいたり元気な子がいたり、一人一人個性が違いますよね。これは、持って生まれたエネルギー量の大小が影響しています。

大まかにですが、129ページと130ページで２つのタイプに分けてみました。家の中でエネルギーの大きい人が主導権を握り、決定権を持ちます。ご夫婦の場合も、ご主人のエネルギーが大きい場合もあれば、奥様の方が大きい場合もありますよね。これはバランスの問題で、一方が大きくて一方が少し小さいぐらいの組み合わせがちょうど良いようです。

エネルギー大（外向型）

外の世界と触れ合うことが好きな人。自分の意識を外の世界に向け、多くの人と接することを好む。行動範囲が広く活動的で、色々な経験をしたいと思っている。目立ったり注目を浴びたりすることでエネルギーを充電できるタイプ。

- リーダーシップをとる
- 自己主張が強い
- 会話に主語がない
- ジェスチャーが大きい
- 擬音語を多く使う
- 熱しやすく冷めやすい
- 走りながら考える
- 何度転んでも立ち上がる
- 考えをすぐ口に出す
- 物事に動じない

エネルギー小（内向型）

内面と向き合い自分の世界を大切にする人。行動する前に、頭の中でしっかりシミュレーションする慎重派。行動範囲は狭く、限られた範囲で満足できる。他人から注目されるのを好まず控えめ。何事にもじっくり時間をかけて取り組むタイプ。

・協調性がある
・控えめでソフトな印象
・話の聞き役に回る
・相づちを打つのが上手
・優柔不断なところがある
・コツコツと取り組み、持続力がある
・考えてから動く
・何事も丁寧に行う
・自分の世界を持っている
・打ち解けるまでに時間がかかる

エネルギーの大小で人の性格を大きく２つに分けてみましたが、あなたのご家庭はいかがでしょうか？　このエネルギー量は外的要因に対する抵抗力にも影響してきます。エネルギーの大きい人は、家相や方位が多少悪くてもはね除けるだけのパワーがありますが、エネルギーの小さい人は、悪い影響をまともに受けてしまいます。ご家族の中の最もエネルギーが小さい人にとって吉となるよう、配慮する必要があります。では、エネルギーが大きければ良いのかというと、そうではありません。大きすぎる人は自己主張が強くなりすぎてしまい、周りとの調和がとれず孤立して自分から問題を起こしやすくなります。あくまでもバランスが大切なんですね。

目には見えないけれど存在する「気」、その集合体こそが住まいです。“住”という漢字は、人が主であると書きます。家とは外側の入れ物ではなく、内に暮らす家族そのものです。あなたとその家族が幸せな毎日を送るために、まずは自分と向き合い、家族と向き合うことから始めてみませんか？

気を乱さないリフォームや解体の方法

家を新築する時もリフォームや解体をする時も、これまでお話してきた「気」の存在を意識して、計画を進めていく必要があります。家の「気」と住人の「気」が良くも悪くも共鳴して様々な影響を及ぼすからです。その現象が一番恐ろしい形で出てくるのが、古屋の解体です。長年住んだ家を無難に解体するには手順があるのです。

私が受けるご相談にも「実は、叔父が家を建て替えてからすぐに亡くなって、間もなくして息子さんまで……だから家を建てたいけど何だか怖くて話を進められないんです」というような方が多くいらっしゃいます。一体どうしてこんなことが起こるのでしょうか？　実はこれ、家を建てたからではなく、その前に家を壊したことが災いしています。家を新しく建てることは運勢的にプラスに働きますが、家を壊すことはマイナスに働きます。家にも私たちの目に見えない「気」が存在しているのです。そして、長い時間暮らしてきた家の「気」と住人の「気」は同調しています。そんな家をいきなり壊すことは、自分の体を壊すようなものです。私の父が家の一部を壊して体を壊したように……。特に高齢者や運気が落ちている人に強く影響が出ます。家を壊すことだけは慎重にすべきだと、声を大にして伝えたいのです。

では、家を無難に壊すための風水家相上のポイントをご紹介しましょう。

最初にすべきことは、住んでいた家から住人の「気」を抜くことです。最低でも解体工事の半年〜１年前には引っ越して、家を空き家の状態にします。こうすると、家を壊したことによる気の乱れが住人に及ばないのです。とはいえ、実際に半年から１年も余計に仮住まいすることは大きな負担になります。また様々な事情から時間の制限があったり、今すぐに壊さなくてはならない場合もあります。長い期間を空き家にしておくのが不安だという方、ご近所から迷惑がられることもあって難しいという方もいます。できるだけ現実的な対処法として、以下のようなご提案をしています。

① １日でも早く家を出て、できるだけ長期間、空き家の状態にする。

② 家の周りに炭を埋めて磁場を安定させる。

家を壊す前に炭を埋めておくことで、解体によって気が乱れるのを防ぐことができます。

その炭は新築の基礎の段階で再度埋め直せるように、解体直前に掘り起こします。これまで20年以上に渡って、この手法で難を受けることなく家の建て替えを行ってきました。

過去には、家の立て替えをしてお父様を亡くされたという方が、私の話を聞いて「もっと早くに先生と出会いたかった」と涙されることがありました。その時、こんな悲しい経験をする方が一人でも少なくなるよう、風水家相の法則を伝えていかなくてはいけない！と決意を新たにしたのでした。

これまでお話してきたように、家を壊す前に炭を埋めておくことで、解体によって気が乱れるのを防ぐことができます。一つ実例をご紹介したいと思います。

Ｉ様邸です。ご主人、奥様、長女さん、次女さんとご主人のお母様とが同居するため、お母様が長年住んでいた家を建て替えます。

建て替えを無難に行うための手順としては、まず先にお話したように家を空き家にして、長年住んでいたお母様の「気」を抜きます。そのために仮住まいをする場所を探す必要があります。ここで、次なるポイントが「方位」です。これは新居でスタートさせる嫁姑の同居生活を穏やかで幸せなものにするために、どうしても外せない項目です。お母様にとってこの仮住まいへの引越しと、仮住まいから新居へ移る際の方位が「吉方位」となる場所にアパートを探します。1年後は「東南」が「吉方位」となるので、今のお住まいから見て「北西」の方角にあるアパートに仮住まいをし、来年に「東南」にある新居へ入居できるように計画します。仮住まいの期間は最低60日間となります。この間は外泊をせずに、必ず仮住まいで寝泊まりするようにします。そうすると、仮住まいに住人の気が移り、新たな拠点が生まれます。

長く住んだ古屋の解体作業を行う際には、神社の神主様に依頼をして、敷地内で解体清祓《かいたいきよはらえ》を行うことをお薦めします。家を守ってくださった神様に対して、これまで見守っていただいた感謝と家の取り壊しの報告をし、これから行う工事が無事に終わるよう祈願してください。

解体作業は、家の周りに仮埋めしておいた炭を掘り起こしてから行います。仮埋めしておいた場所が後で分かるように、炭はネットに入れて埋設し、目印となる番号札を立てておき

建物を解体する前に、炭をネットに入れて仮埋めし、目印を立てておく。

ます。掘り出した炭は、新築の縄張りを行っている段階で、最も効果的な場所へ埋め戻します。

ご家族の運気バランスを整える間取り

続いて間取りの設計ですが、四柱推命学で、ご家族の運の流れや性格、価値観などの現状を把握することが家づくりのスタートとなります。ご主人が強く主導権を握っている家もあれば、奥様が強い家もあるはずです。どの家庭でもそうだと思いますが、夫婦間にはお互いの力関係があり、この力関係は夫婦のみならず、嫁姑、親子など、様々な人間関係に存在します。運勢カルテを見ながら、そんな力関係のバランスがとれるように間取りを設計します。風水家相では、住まいで家族の「気」のバランスを上手くコントロールできるのです。エネルギーの大きい人は穏やかに、エネルギーの小さい人は活発になるように考えます。

Ｉ様一家は、奥様もお母様もエネルギーが大きく、お互いに自己主張が強くて譲らない傾向にあります。元気があるのは良いのですが、穏やかな同居生活を叶えるためには少し抑える必要がありますね。反対に、ご主人はエネルギーが小さく、もの静かで穏やかなタイプです。家庭内を上手く取り仕切っていくだけの迫力に欠け、ちょっと心配です。このままだと嫁姑の間で板挟みになったご主人が、日に日に疲弊していく様子が目に浮かびます。

そこで、ご主人の座である「北西」を大きく張り出し、力を持たせます。ご主人が家庭内の主導権をしっかり握り、二人の女性を上手くコントロールできるようにバランスをとるのです。

また、北西と東南の両方を張り出すことで、「乾巽《けんそん》張《ば》り」という吉相になります。若いご夫婦が住む家にぜひ取り入れたい発展の形です。東南には信用や商売といった意味合いがあり、特に経営者の方には大切にすべき場所になります。

反対に、年配の方などこれまでの資産や年金でゆっくりとした暮らしを望む場合は、東北と南西を張り出した「坤艮張《こんごんはり》り」が理想です。東北には相続や後継者、南西には土地や資産といった意味合いがあるからです。Ｉ様邸は乾巽張りを基本として、鬼門はもちろんご家族の運勢や健康を司る場所には、トイレやお風呂を持ってこないように設計しました。

トイレやお風呂などの水ものは不浄なものとされ、家の中のどこにあってもあまり良いものではありません。とはいえトイレもお風呂もない家を作るわけにはいきませんよね。昔から、不浄なものは八干（東西南北に位置する壬・癸・甲・乙・丙・丁・庚・辛の方位）に配置すると無難だと言われます。特に北に位置する「癸」は五行での〈水〉を意味するので問題がありません。今回はトイレを癸に置き、お風呂も北西に張り出す形で設計しました。土地に余裕がある場合は、できるだけ家の外に出すのが吉相です。

Ｉ様邸が完成してから２年が経ち、ご主人からこんなお話を伺いました。

「おかげさまで家族みんなが助け合いながら、上手くやれています。妻も仕事で忙しいのですが、母が家にいてくれるので子供たちも寂しくないようです。私も仕事に集中できるので本当にありがたく思っています。それから、来年には待望の長男が生まれる予定で、本当に嬉しいことが続いています」

家の「気」が上がると、そこに住む人の生命力も上がって元気になります。今回のように、新築してから赤ちゃんに恵まれたなんてこともよくあります。I様邸では、これからも家族仲良く、賑やかで楽しい日々が続くことでしょう。

円満な二世帯住宅を手に入れよう

最近は二世帯住宅への関心が高まっています。というのも、二世帯住宅には今の時代に求められる様々なメリットがあるからです。経済的な面や相続上の優遇、そして親世帯・子世帯が一緒に暮らすことによる生活上のメリットも魅力的。例えば、高齢の親を近くで見守ることができる安心感や、子育てのサポートをしてもらえるといった子世帯側のメリットはもちろん、かわいい孫にいつでも会える、孤独で寂しい老後への不安を解消できるといった親世帯側のメリットもあります。これらが現実に上手く働けば、まさにお互いにとって夢の暮らしだと言えるでしょう。

しかし、現実はそう甘いものではありません。一世帯であっても夫婦や親子の間で摩擦が生じるのに、価値観も生活スタイルも違う二世帯が同居して問題が起きないわけがありません。後に起こるのが嫁姑問題です。「風水家相を取り入れて二世帯住宅を建てたいのですが」と、親御さんからご相談を受けることがよくあります。そんな時、最初にこう尋ねます。「一緒に住むのは息子さん夫婦ですか？　それとも、娘さん夫婦ですか？」と。一昔前は、同居と言えば息子夫婦とするのが一般的でしたが、最近では娘夫婦と同居するケースが増えています。この娘夫婦との同居は割合と上手くいくのです。

しかし、息子夫婦との同居では、必ずと言っていいほど嫁姑問題による確執が生じます。世代が違う、価値観が違う、立場が違う二人の女性が一つ屋根の下に暮らすには、相当の覚悟が必要です。「嫁姑とは互いにやっつけ合う関係にあり、それは自然の摂理である」と、風水の教えにもハッキリ定義されているのですから。

そして、一番辛い目にあうのは妻と母親の板挟みとなる若主人。両者に気を遣い、すり減る神経、あげくに入院なんてケースも……。

お互いの距離が近すぎる身内でのイザコザは、時として二度と修復できないほどの深いダメージとなります。結果的に離婚や家族崩壊などという悲惨な話もよく聞きます。

そうは言っても、譲れない理由で二世帯住宅を選択する場合もあるでしょう。「そこに風水家相の知恵を取り入れていけば、きっと家族みんなが幸せに暮らせる家ができるに違いない！」そんな願いと期待を込めて、これまでに二世帯住宅のプランニングから設計までを行ってきました。

まずは家庭内の人間関係を客観的に分析することから始めます。家族それぞれの生年月日から、各人の持って生まれたエネルギー量を割り出します。そうすることで、家庭内でのおおよその力関係が見えてきます。家族の中でエネルギーが大きな人物こそが、最終的な決定権を持つ真のボスなのです。夫、妻、子供の核家族であれば、夫婦どちらのエネルギーが強くても問題ありませんが、妻が少し強いぐらいで家庭を切り盛りしている方が上手く回っているように思います。

ただし、それが二世帯となると話は別。夫が妻よりもエネルギーを強く持ち、家庭内の人間関係をコントロールできるだけの迫力や器量がある程度求められます。また二世帯住宅では、やはり親世帯が「主」となり子世帯が「従」である方が上手くいきます。姑よりも嫁のエネルギーの方が極端に大きいような場合は、明らかに主従のバランスを崩しています。ご自身の家族が共同生活に向いているかどうかを冷静に分析する必要があるでしょう。

嫁姑の同居であれば、間取りは完全分離型。１階を親世帯、２階を子世帯にして生活空間を完全に分けるべきです。可能であれば、玄関も左右対象にするのではなく、お互いの出入りを悟られない場所に設けるのが良いでしょう。もし土地に余裕があるのならば、別棟で二戸建てるのが望ましいです。その際は、敷地の中心から見て北西の位置に親世帯の家を、南や東南に子世帯の家を配置して、主と従の関係を保つのが理想です。

また、娘夫婦との同居でなければ玄関やお風呂、キッチン、トイレなどを共用する間取りはお薦めしません。家の中をお互いに行き来できるような内扉や共用のリビングなども作らない方が無難でしょう。

最後に、その家の主人の顔とも言われる表札についてです。風水家相には、陰陽の理論があります。「物事全ては、陰（−）と陽（＋）の相反するものに分けられ、互いに補い合う存在だとする考え方」で、陽（＋）が主となり、陰（−）が従となる関係にあります。表札は、この陰陽に沿って掛けるようにしましょう。家の中心から玄関を見るようにして、左側が陽で「主」、右側が陰で「従」となります。親世帯の表札は左、子世帯の表札は右に掛けるのが自然な形です。二つ並べて掛ける際も、家の中心から見て、左に親を右に子のものを掛けるようにしてください。

風水家相を取り入れた二世帯住宅の設計は、ご家族が持つエネルギーの大小によるバランスを、家の形である家相でカバーすることで、良好な家族関係を作り出そうとするものです。まずは家の形や間取りを考える前に、ご家族でしっかりとコミュニケーションを深め、お互いを理解しようと歩み寄る姿勢を持つことが一番大切だと言えそうです。

実際の風水家相診断を見てみよう

図面の風水家相を診断してみましょう。まずは図面のどこまでが家相として見るべき範囲なのかというと、ベランダ、ポーチ、勝手口と書かれた場所を除いた形になります。建物の形としては東南にベランダがあり辰巳が欠けています。次に家の中心を割り出します。東南の欠けた部分の面積を考慮しながら、建物の四方から対角線を引き、交わる点を中心と決めます。その中心と真北を結び、八方位に分けます。八方位にそれぞれ十二支と九星を割り振ります。東北の丑寅から南西の未申の間を走る15度の範囲が鬼門線となります。

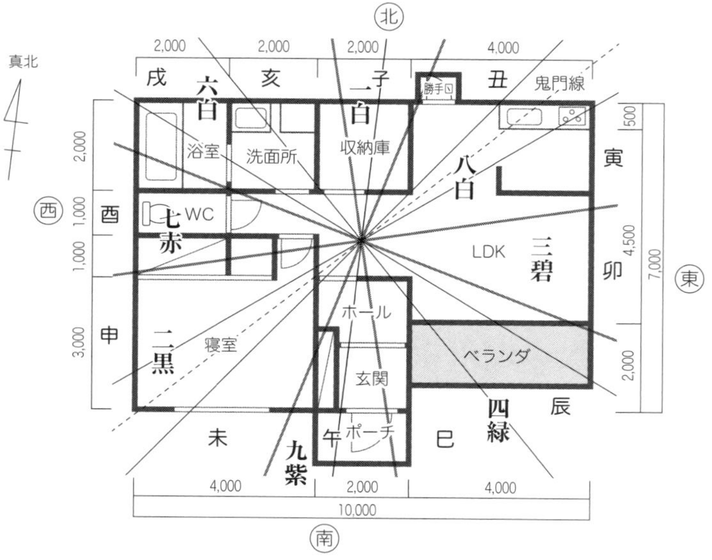

家相上の問題を見てみましょう。まず問題になるのが東南の大きな欠けです。ここが欠けると、良い縁談に恵まれないとか商売が上手くいかない形となります。ご家族に辰歳、巳歳生まれの方がいる場合は、その方の健康運にマイナスに働きます。体の部位では、腸や食道、頭髪、左手、気管支に悪い影響が出ると言われます。また四緑木星の方の運勢を司る場所でもあり、運気が停滞する可能性があります。

次に、水回りの配置を見ます。トイレが西に配置されています。西は金運を司る方位であり、このままでは金運に恵まれない家となります。また、酉歳生まれの方の健康にマイナスで、右肺、口、歯、乳房などに悪い影響が出やすくなります。七赤金星の方の運勢を司る場所でもあります。もしご家族に18歳未満の女の子がいる場合は、お嬢さんに素行上の問題が起きやすくなると言われます。

浴室も北西にあり凶相です。戌歳生まれの方の健康にマイナスで、骨、血圧、首などの部位に影響が出やすくなります。また、六白金星の方の運勢にも良くありません。

家の中の主人の座でもあり、ご主人が家にいても落ち着かない、なかなか家に帰ってこない、浮気に走るなどと言われます。

キッチンが鬼門線上に配置されています。キッチンの中でも「水」であるシンクや「火」であるガス台が鬼門線の範囲に入っていると凶意が強くなります。後継者の問題、身内の争い、家庭内の揉め事が起きやすくなります。

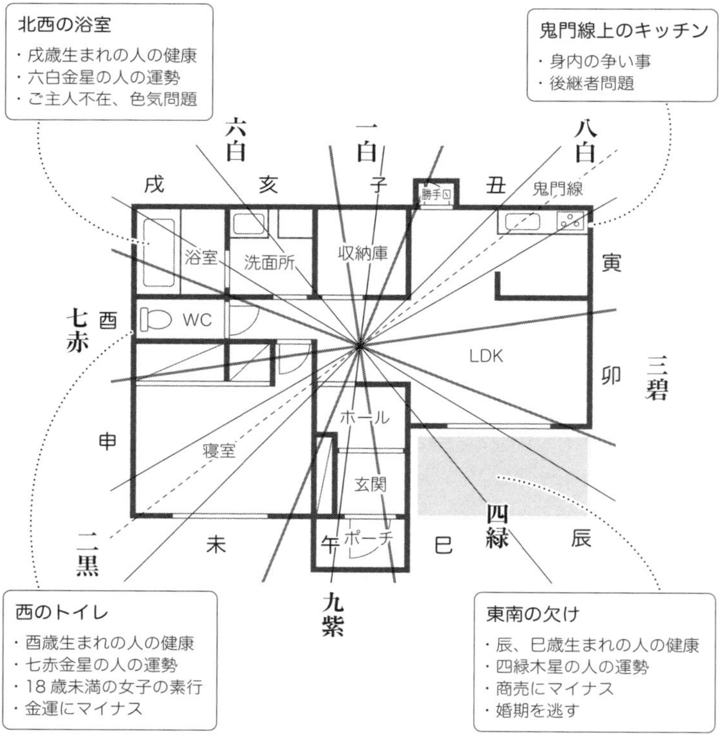

風水家相診断

改善策を見ていきましょう。家の形が大きく欠けている東南には、増築したり別棟や倉庫を置くことで、凶相をカバーすることができます。倉庫であれば、１坪以上の大きさが必要です。ドアやシャッターが付いていて、気を保つことができるものを置いてください。車庫の場合、屋根だけの構造物では倉庫の力は発揮しません。

そのほかには、欠けた部分の土地に炭を埋めて、地中の気を集めることも効果的です。

西のトイレと北西の浴室ですが、リフォームして位置を動かせる場合は、北の壬に配置するのが理想的です。配置を変えることができない場合は、炭を室内に設置することでカバーできます。また風水インテリアを取り入れてカバーするのも有効です。西、北西のトイレや浴室には「金」と「土」のアイテムやカラーを取り入れてください。

鬼門のキッチンは、鬼門線15度の範囲からシンクとガス台を外すのが理想的です。こちらの例では次ページの図面のように、対面キッチンにすることで無難な形になりました。また、風水インテリアでは「土」と「火」のカラーや柄をキッチンマットやタオルなどに取り入れてください。相性の良いインテリア小物を置くのも良いです。

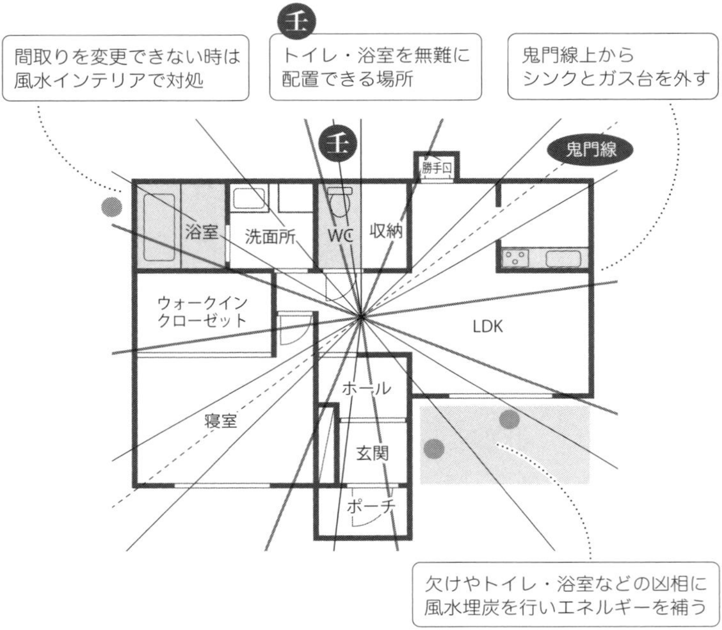

風水レイアウトによる吉方位

私たちの体は、生まれた年によって異なる種類の磁気を帯びていて、大地や家などの磁場に反応すると考えられています。ですので、同じ家の中にいても、その人の帯びている磁気の種類によって吉方位が違ってきます。

生まれ年によって備わる「体内磁気」には８種類あり、風水レイアウトによる吉方位は、その「体内磁気」を①～⑧の風水ナンバーで表して見ていきます。

家の形や間取りについては家相を用いますが、家の中の空間と家族の持つ気との相性を見るのは、風水レイアウトになります。これは生まれた年から割り当てられた風水ナンバーで知ることができます。皆さんからのご相談を多くいただくお部屋割やお部屋の中のインテリアの配置については、この風水ナンバーを使います。これは、家の中でも相性の良い方位で過ごせるよう、家族の部屋割りや部屋の中のレイアウトを考えるための開運法です。

もし新築やリフォームを計画中であれば、ご家族にとって吉となる部屋割りを考えることができます。さらに、部屋の中のベッドや机、収納の配置を先に考えてから部屋の入口をどこに作るか、コンセントの配置をどこにしたら良いかなどを決めることができるので、吉方位を無駄なく使い、使いやすい動線にすることができます。ペットのワンちゃんやネコちゃんにとっての吉方位もありますので、生まれた年と性別が分かればぜひ活用してください。

風水が陰陽の理論を基本とするように、風水レイアウトも２つの違ったタイプに分けることができます。それは主に、部屋の西側が吉となるタイプと東側が吉となるタイプの２つです。

例えば、夫婦の寝室はどの部屋にしたら良いか、子供部屋はどこが良いか。子供部屋も兄弟姉妹がいる場合には、どの子をどの部屋にしたら良いのか。また、ペットのゲージはどこに設置したら良いのかも悩みますよね。そんな時に、それぞれにとって相性の良いエリアの部屋を風水レイアウトで選ぶことができるのです。また子供部屋では、どこに机やベッドを置くと子供が集中して勉強に取り組むことができるのか。リビングであれば、家族がくつろいで団欒できる空間を作り出すために、ツファーやテレビの配置を考えます。

それでは風水レイアウトを実践してみましょう。

まず、152ページの表の生まれた年と性別から、あなたの風水ナンバーを見つけてください。

風水ナンバーは東グループと西グループの２つのタイプに分かれます。東グループは部屋の東・東南・南・北が吉方位となり、西グループは部屋の西・南西・北西・東北が吉方位となります。部屋割を考える際は、家の中心から磁北を中心に八方位に分け、吉となる方位の部屋を選んでください。

例えば、風水ナンバー③のお子さんの部屋を考える場合です。③は東グループになりますので、家の中心から見て東・東南・南・北の方位にある部屋を子供部屋にすると良いのです。

さらに、部屋の中のレイアウトを考える際には同じく、ベッドや勉強机などを部屋の中心から見て東・東南・南・北に配置して、できるだけその方位で過ごせるようにするのが理想的です。

さらに4種類の吉方位も、それぞれに違ったエネルギーを持っています。目的に合わせて使い分けると良いでしょう。例えば風水ナンバーが③の人は、南が「活力」でエネルギーを得られる方位、北が「治癒」で癒やしを得られる方位、東

風水ナンバーによる吉方位

	東グループ	西グループ
風水ナンバー	①③④⑨	②⑥⑦⑧
吉方位	東・東南・南・北	西・南西・北西・東北

生まれ年から見る男女別風水ナンバー表

生年	男	女	生年	男	女	生年	男	女
昭和27年	③	③	51年	⑥	⑨	12年	⑨	⑥
28年	②	④	52年	②	①	13年	⑧	⑦
29年	①	⑧	53年	④	②	14年	⑦	⑧
30年	⑨	⑥	54年	③	③	15年	⑥	⑨
31年	⑧	⑦	55年	②	④	16年	②	①
32年	⑦	⑧	56年	①	⑧	17年	④	②
33年	⑥	⑨	57年	⑨	⑥	18年	③	③
34年	②	①	58年	⑧	⑦	19年	②	④
35年	④	②	59年	⑦	⑧	20年	①	⑧
36年	③	③	60年	⑥	⑨	21年	⑨	⑥
37年	②	④	61年	②	①	22年	⑧	⑦
38年	①	⑧	62年	④	②	23年	⑦	⑧
39年	⑨	⑥	63年	③	③	24年	⑥	⑨
40年	⑧	⑦	平成元年	②	④	25年	②	①
41年	⑦	⑧	2年	①	⑧	26年	④	②
42年	⑥	⑨	3年	⑨	⑥	27年	③	③
43年	②	①	4年	⑧	⑦	28年	②	④
44年	④	②	5年	⑦	⑧	29年	①	⑧
45年	③	③	6年	⑥	⑨	30年	⑨	⑥
46年	②	④	7年	②	①	令和元年	⑧	⑦
47年	①	⑧	8年	④	②	2年	⑦	⑧
48年	⑨	⑥	9年	③	③	3年	⑥	⑨
49年	⑧	⑦	10年	②	④	4年	②	①
50年	⑦	⑧	11年	①	⑧	5年	④	②

注）1月1日から2月3日の間に生まれた人は、前年の風水ナンバーになります。
例：平成2年1月3日生まれの男性の風水ナンバーは②になります。

南が「調和」で人との結びつきを得られる方位、東が「安定」で家庭の安定を得られる方位となります。

より確実に開運に繋げるためには、目的によって吉方位を使い分けてください。精力的に動きたい、行動力を上げたい人はパワーの上がる方位を、健康になりたい人には癒やしの得られる方位を、と欲しい運気に合わせて方位を使い分けていきます。吉となる4つの方位にベッドやテーブル、ソファーなどを置いて、その方位の気を浴びながら過ごすと運気が好転します。またテレビ、オーディオ、時計などの音が出るもの、携帯電話やパソコンなど情報をキャッチするものは吉方位に配置すると良い気を増幅させ、欲しい情報を得ることができると言われています。自分の吉方位でない場所には本棚などの重たい家具や家電、ゴミ箱などを配置して、マイナスの気を抑えるようにしましょう。

活力（最大吉方位）

心身ともに最もパワーに溢れる方位。発展・活動・積極・行動・創造のエネルギーが上がります。この方位を使うことで物事の気が活性化し、運を掴むことができます。クリエイ

吉方位の種類

東グループ

①

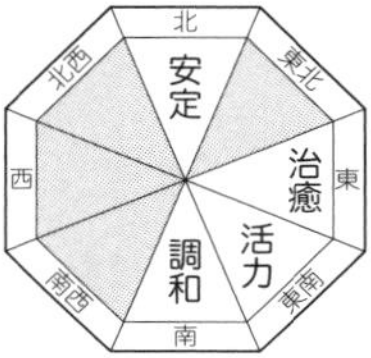

③

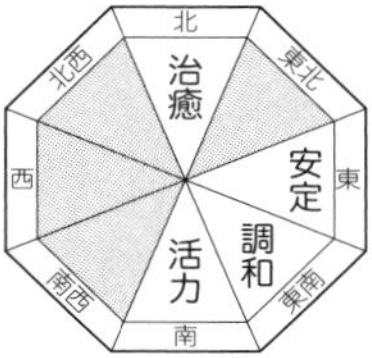

④

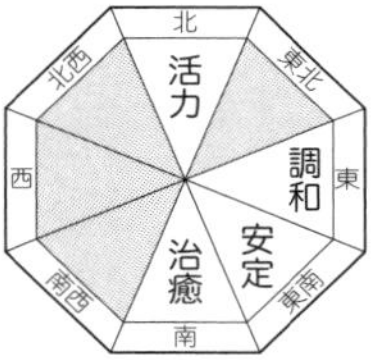

⑨

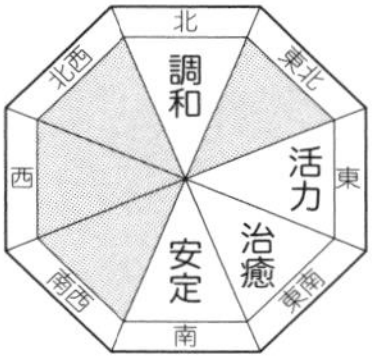

西グループ

②

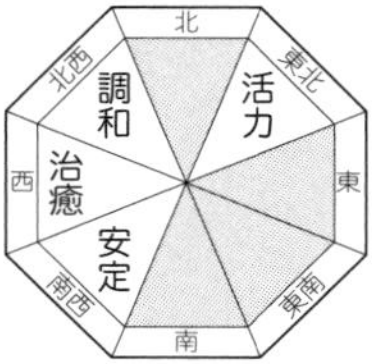

⑥

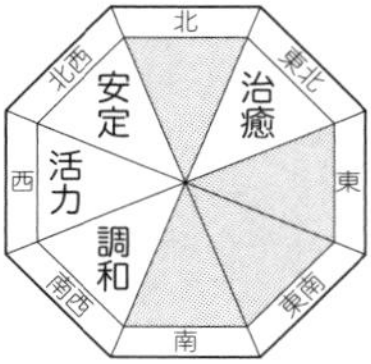

⑦

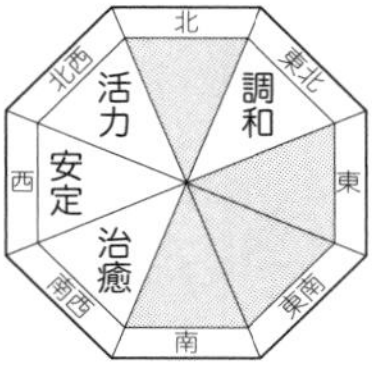

⑧

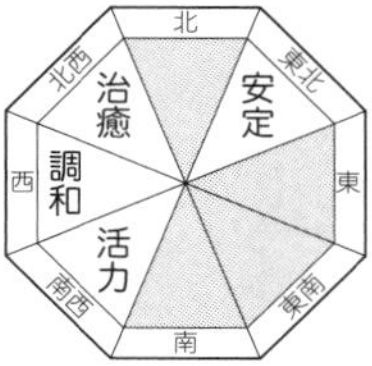

ティブな思考や行動力が上がり、仕事運にプラスに働き、財運もアップします。ただし、精力的になるので異性を求める気持ちが強くなります。エネルギーが強い人や穏やかな日々を求める人は使い方に注意が必要な方位です。

- 活発になり社交的になる
- 些細なことを気にしなくなる
- セクシーな魅力が出てくる
- リーダーシップをとるようになる
- クリエイティブな思考や行動力が高まる
- 仕事運がアップし金運も高まる

治癒（大吉方位）

健康、回復、仕事、学業、援助などの意味合いを持ちます。癒やしの方位と言われ、リラックスして集中力を高めることができる方位です。ワークスペースや書斎、勉強部屋にすると最も効果的です。また回復のエネルギーも上がりますので、心身の調子が悪い時や病気の回復時はこの方位で体を休めると良いでしょう。

- リラックスでき集中力が上がる
- 快眠、快食で健康が得られる
- 病気の回復が期待できる
- 難題、難問を解決できる
- 努力が報われる
- 他からの援助を得られる

調和（中吉方位）

人との結びつきを強める方位で、協調、融和、結婚、恋愛、和合などの意味合いを持ちます。人間関係を円滑にする方位ですので、コミュニケーションがスムーズになり、トラブルや争い事を避けられるようになります。家族やパートナー、友人との絆、協力関係を築くのに最適な場所です。縁を結ぶ意味合いがありますので、結婚を望んでいる人はこの方位にベッドを配置すると、理想の相手を引き寄せるパワーが上がると言われます。

- おおらかになり他人を受け入れる気持ちが大きくなる
- 現実的、客観的に物事を見られるようになる

・思考能力が高まる
・協調性が身につく
・コミュニケーションに自信がつく
・恋愛運がアップする

安定（小吉方位）

安定、平穏、平和、順調、無難などの意味合いを持ちます。この方位は、力強さや華やかさはありませんが、穏やかで安定した日々を過ごしていける方位です。現状を維持したり物事を無事に収め、円満な家庭、平穏平和な日常を得ることができます。また自分を省みる、先々の計画を立てる、冷静に物事を分析するなどの思考力が高まり、堅実で着実な成果も得られます。

・心の平和を得ることができ安定的な思考になる
・地道に努力することができる
・落ち着きが出てくる
・計画性を持ち建設的になる
・家庭運がアップする
・冷静に自己分析することができる

運気を上げる風水レイアウトの活用例

では次に、部屋別に具体的な例をあげて、運気を上げるための風水インテリアの活用法を説明しましょう。

寝室

人は一日のうち７時間から８時間を眠りに費やすとすれば、寝室は人生の３分の１を過ごす大切な場所になります。家の中心から見て吉方位にある部屋を寝室にすれば、英気を養うことができます。できれば吉方位の中でも「調和」か「治癒」にある部屋を寝室にするのがベストです。

風水レイアウトで開運するためには、吉方位で寝ることがとても重要になってきます。仕事運を良くするにも、まずは吉方位でぐっすり眠って疲れを取ること。健康で元気な毎日を送れば、おのずと仕事にもやる気が出てくるはずです。

寝室の中心から磁北を基準に八方位に分け、東タイプか西タイプかによって、それぞれの吉方位にベッドを置いて眠るようにしましょう。部屋の入り口や収納の配置によっては、吉方位にベッドが全て収まらない場合もあります。その際は、枕だけでも吉方位に入るように配置するようにしましょう。体調が思わしくない時や病気の回復を願う時、考え事が多くて眠れないなどの悩みのある時は「治癒」を使います。心穏やかに落ち着いた日々を過ごしたい人は「安定」や「調和」を使うといった具合です。吉方位にベッドを置いたら、次は枕の向きですが、理想は自分の吉方位に頭を向けるのがベストです。例えば、「治癒」の方位が南の人であれば、南にベッドを置き、さらに頭も南に向けるのが理想です。

子供部屋

子供の勉強部屋は、家の中心から見てその子の吉方位に持ってくるのが理想です。そして、できれば４つある吉方位を子供の成長に合わせて使い分けると良い結果が得られます。

まず小学生の時は順調に発育するように「活力」、中学生になったら心と体のバランスをとるために「治癒」を、高校生では他人とのコミュニケーションを大切にできるように「調和」の方位を使うのが最適です。大学生以上であればもう立派な大人ですから、その子に不足している点を補うことができる方位を使っていきましょう。

次に勉強机の配置ですが、学習や読書などは「調和」の方位に向いて座るのが最も集中できます。机の位置が決まったら、本棚や収納棚などの家具を吉方位以外に配置して、できるだけ吉方位に体が入るような空間を作りましょう。テレビやオーディオ、時計などの音の出るものは良い気を増幅してくれる作用がありますので、吉方位に配置するようにしましょう。また、携帯電話は「調和」の方位に置いて充電すると、良い情報が入ってくると言われます。

リビング

お金を得るためには、円滑な人間関係が必要となります。人間関係が上手くいき人脈が広がれば、それだけお金を得るための情報やチャンスに恵まれます。そのためには、お客様をもてなす場所が重要になります。会社の応接室だけでなくお住まいでも、お客様をお迎えする部屋はご主人の風水ナンバーから見て吉方位にすると良いでしょう。

また、応接テーブルの席もご主人が自分の吉方位に入るように配置します。この場合、最大吉方位の「活力」を使って積極的に話を進めていくか、中吉方位の「調和」を使って相手との協力関係を築いていくか、どちらを選ぶかは、ご主人のエネルギーのタイプによって決めてください。

ペットの風水

家族の一員であるペットにも元気でいてもらいたいものですよね。ペット専用のお部屋とまではいかなくても、ペットのゲージやトイレなどを、どこに置いてあげるのが一番良いのか知りたい方も多いのではないでしょうか。ペットにとってもお部屋の中で相性の良い方位があります。割り出し方は私たちと同じで、生まれた年と性別によって決まります。152ページに掲載している風水ナンバー表からあなたのペットの風水ナンバーを確認してください。

吉方位は活力・安定・調和・治癒の４種類がありますので、この方位にゲージやベッドなどを置いて、できるだけ長くその方位の中で過ごせるようにしてあげましょう。さらに方位が選べるのであれば、「治癒」か「調和」の方位を使うのがベストです。トイレなどの不浄なものを置く場所は、吉方位ではない方位を選んでください。もし飼い主さんと吉方位が反対になる場合、例えばペットは西グループで、飼い主さんは東グループの風水ナンバーである場合には、飼い主さんにとっての吉方位を外した場所にペットのトイレを設置するようにしてください。

ペットたちは心からの癒やしを与えてくれます。そんな彼らは、人間よりも「気」の善し悪しにとても敏感です。エネルギーの高い土地には鳥や小動物が寄ってくるように、動物本来のセンサーによって感じ取っているようです。

ペットのトリミングとホテルを営んでおられる方で、夜ペットたちが鳴いて騒ぐので眠ることができず、毎日体の疲れが取れずにきつい状態が続いている方がいらっしゃいました。その方のお店の中で特に落ち着きのないワンちゃんたちが入っているゲージの配置を、それぞれにとっての「調和」の方位に替えてみました。すると、それまでキャンキャンワンワンと無駄吠えをしていたワンちゃんたちが不思議と落ち着いて、とても静かなお店になったそうです。ワンちゃんたちも知らない場所に来たことでストレスや不安を感じて騒いでいたようですが、配置を整えたことで気持ちが安定し、おとなしく過ごせるようになったようです。相談に来られた方も静かな環境でゆっくりと休めるようになったとのことでした。

また、セミナーが終わった後に、ある男性が駆け寄ってきて、こんな話を聞かせてくれました。その方は以前、私が家の設計をさせてもらった方でした。「実は先生に設計していただいた家に住んで５年になりますが、この５年の間に庭で猫が死んでいたことが２度ありました。気持ち悪いと妻が気にしていたので、今日また先生のお話を伺いに来たのですが、謎が解けてスッキリしました」とのことでした。そう、猫が庭で死んでいたのは、その方の家のエネルギーが高くて気持ちの良い場所だから、猫が最後の場所としてそこを選んだ、というわけです。「ずっと気持ち悪いと思っていたのですが、猫が感じ取ってくれたのであればとても嬉しいことだと思います。帰って妻に話します」と言って、喜んで会場を出ていかれました。猫が庭に寄ってくるのは迷惑なことも多いのですが、猫が気持ちの良さに引き寄せられて来ていると思えば、少しは優しい気持ちになれます。

以前、馬を育てる牧場に風水埋炭を施したことがあります。

しばらくして牧場主の方から、とても不思議なことがあるとお電話がありました。というのは、馬が炭を埋めた場所に行っては、土の上に寝そべって体をこすりつけているそうなのです。今までそのような姿を見たことがなかったので大変驚いているとのことでした。それもやはり良い気が出ている場所が気持ち良くて、馬が体をこすりつけているのだと考えられます。

お部屋に置いてある炭を枕に昼寝をする猫や、太喜に体を添わせるようにして寝る犬もいると飼い主さんからご報告を受けることがあります。炭から良い気が出ているのが分かるのでしょう。また、夏場はひんやりして気持ちが良いのだろうと思います。

いつまでも元気でともに暮らしていきたい彼らですが、私たちよりも寿命が短く、最期を看取らなければならないのは避けられません。最近は病気を煩って死んでしまう話もよく耳にします。愛犬がガンになってしまった飼い主さんから何とか痛みを和らげてあげたい、できるだけ楽にしてあげたいとご相談いただいた事例があります。余命わずかと言われていた犬の寝場所を吉方位に替えて、そばに炭を置いてからは、一年以上も穏やかに過ごすことができたそうです。

また老犬になると、ご飯もあまり食べず寝て過ごす時間が長くなります。そんな状態になってから、吉方位に寝床を配置してそばに炭を置いたところ、ご飯をしっかりと食べるようになって運動量も増えたそうです。見るからに元気になっていく様子に、みんなで驚きながらも喜んだとのご報告もありました。

第5章
これまでに出会った生の声

風水家相で気になるQ&A

Q 浄化槽を作る上で、
注意すべきことはありますか？

A 水洗トイレであっても下水道が完備されていない場合は、浄化槽によるものとなりますね。浄化槽は家の外の土の中にあるものなので、すぐには凶の影響が出てきませんが、10年ぐらい経過すると大変強い凶作用が働くと言われます。特に発見しにくい病気として出てくることがあるようです。浄化槽をどこに配置するかは、トイレと同じ考え方になりますので、北か東、八干のうちの壬・癸・甲・乙の範囲に収まるように配置するのが理想的です。家庭内の汚物や汚水が集まる場所ですので、できれば浄化槽と家の間に炭を埋めることをお薦めいたします。

Q 使っている浄化槽を無難な場所に移設しても
良いでしょうか？

A 既存の浄化槽を移設する場合には、まずは工事をする時期を選ぶ必要があり、簡単には工事できません。現在の場所は水回りとの関係や排水の関係から一番効率的な場所に設置されていると思われます。方位のことだけを考えて移設してしまうと、排水管に負担がかかり不具合に繋がる可能性があります。移設は専門家にしっかりチェックしてもらった上で計画されるべきですが、できれば移設ではなく、浄化槽を囲むように炭を埋めて、凶相をカバーすることをお薦めいたします。

Q 神棚と仏壇を置きたいのですが、どこに置いたら良いでしょうか？

A 風水の思想にある陰陽では、神様は陽、仏様は陰であるとします。

ですので、神棚は陽の気を受けられるように北を背にして南に向けるか、西を背にして東に向けるように配置してください。できるだけ静かで人気がない場所が望ましく、１階に置くのであれば、２階からその上を踏まずにすむ場所がベストです。

反対に、仏壇は陰の気を受けられる配置にしますので、南を背にして北に向けるか、東を背にして西に向けると良いです。ただ、仏壇はご先祖様をお祭りするものなので、できればリビングなどの家族が集まる場所に置くのが良いです。自分自身が仏様になった時、子や孫の顔が見られる賑やかな場所にいたいと思うはずです。ただしタンスの上や机の上など、ものの出し入れをするたびに揺れ動くような場所に配置するのは良くありませんので、必ず安定した場所にお祭りしてください。また、神様と仏様を向かい合わせにすることは凶となります。並べて配置する際には正面に向かって左側を神様とし、右側を仏様とすることが望ましいです。

Q 敷地内に古い井戸があるのですが問題がありますか？

A 水は配置する場所に工夫がいるものですが、池や井戸のように止まっている水＝止水は死水に繋がるとして凶となります。全く動かない水であれば、腐敗して有毒ガスなどが発生するようなこともあります。理想は少しずつ流れているのが良く、井戸は使用しないでいると、止水の状態であるため凶となります。たとえ１日１回でも２回でも使用するようにしてください。さらに、井戸の周りや家と井戸との間に炭を埋めて、磁場を安定させるのが望ましいです。

また、井戸は家の中心から見てどの方位にあるかが重要になります。トイレや浴室と同じく巳・午・未の範囲である南側にあるのは、健康面に問題です。眼病、心臓病、脳の病気になると言われます。病気以外にも訴訟、火災、酒乱などに繋がる可能性があります。

使用していない井戸を埋める場合は、ご主人にとって吉となる方位から持ってきた土を埋め、「息抜き」といって井戸から地上に通じるよう管を挿し込んでおく必要があります。その際は、古井戸の水神様をお祀りしてから行いましょう。

Q 家の南側に池があり、良くないと聞きました。池を埋めた方が良いでしょうか？

A 南側の水物は問題が多いですので、できれば池は埋めてしまうのが無難です。すぐに対応が難しい場合は、池の水を抜いておくだけでも良いです。できれば吉方位から持ってきた土で埋めることをお考えください。

同じように、つくばいや鉢などに水がたまっているのも良くありません。すぐに水を抜くことと、鉢の底に穴をあけて水がたまらないように気を付けてください。置きっ放しにしている古い鉢などに雨水がたまってしまい、ご家族の体調に悪い影響を及ぼすことがよくあります。家の周りを点検して、そういったものがあれば綺麗に片付けるようにしましょう。

Q 別棟を建てようと計画中ですが どこに配置するのが良いでしょうか？

A 別棟は原則として吉となり、外部の援助が得られると言われます。ただし、母屋とのバランスを保っていることが大切です。母屋より大きな別棟は凶となります。また、別棟は母屋と平行に建てるべきです。土地の形のせいで母屋と平行でない別棟を建てた場合、一時的には吉の作用によって思うようにいきますが、後に背かれたり敵になるという作用が出ると言われます。
また、別棟の入り口は母屋に向けて設けることが望ましいです。ただし、東北には別棟を建てるべきではないと、昔から言われます。建てること自体に問題があるのではなく、壊した時に家の主婦に悪い影響が及ぶと言われるからです。東北には別棟を建てないのが無難です。

Q 邪魔な木を切り倒したいと思いますが大丈夫でしょうか？

A 直径30センチ以上ある樹木を切り倒すことは避けたいものです。切り倒すのではなく、枝をそぎ落として小さくすることをお考えください。また影響力を持つ存在なので、いつ切っても良いというわけではなく、切る時期を選ぶ必要があります。杉や松などの背が高くなる樹木も簡単には切ることができませんので、敷地内には初めから植えない方が良いようです。

Q シンボルツリーを植えても良いでしょうか？

A 店舗や住まいを新築した記念として、シンボルツリーを植えることがあります。その際には、玄関の正面に植えることは避けてください。漢字で門の前に木があると何という文字になるか……「閑」となります。門や玄関の正面に木があると、大きくなるにつれて次第に人が寄りつかなくなり、閑散とすると言われます。お店であれば潰れてしまいますね。

それから、家の中心にある中庭にもシンボルツリーを植えてはいけません。これも「困る」という字に繋がります。大切な家の気を木に取られてしまうのかもしれません。玄関の正面や中庭を避けて植えれば問題ありません。

Q 庭木はいつ切っても大丈夫でしょうか？

A 庭の大きな木を切ったり、植え替えたりするのは、その場所の気を乱すことになります。普段から土に触れている職人さんは別ですが、一般の私たちが作業する場合には時期を選ぶ必要があります。１年に４回、避けるべき時期なのが「土用」です。土用の丑はウナギと思い浮かべる方も多いと思いますが、土用はちょうど季節の変わり目です。土の気が高まるこの時期に土いじりをすると、大地からの強い気を受けてしまい体調を崩すと言われています。季節が変わる立春、立夏、立秋、立冬を迎える前の18日間で、おおよその目安として次のようになります。

- 冬の土用　１月17日頃 ～ ２月３日頃
- 春の土用　４月17日頃 ～ ５月４日頃
- 夏の土用　７月20日頃 ～ ８月６日頃
- 秋の土用　10月20日頃 ～ 11月６日頃

Q 先代が造った築山があるのですが風水的に問題ないでしょうか？

A 石は、昼間は熱をため込み、夜は熱を放出します。夏は熱く冬は冷たいため、石でできた築山や大きな庭石は造らない、持ち込まないのが良いようです。

築山を造るのは家の状態が一番良い時であることが多く、造った後に家が衰退すると言われます。できれば造らない方が良いでしょう。すでに築山がある場合は時期を見て解体するのが良いでしょう。

また余談ですが、同じ石で造られるものとしてお墓があります。大きなお墓も一族が最も栄えている時に造られる場合が多く、大きな墓を建てた途端に衰微すると言われます。大きなお墓は大墓＝（オオバカ）と言われますので、ほどほどの大きさで造るのが良いでしょう。

Q 40年住んだ家の建て替えを考えています。どのようにしたら良いでしょうか？

A 家を壊す時には、住まいを移さないと壊せません。ただし、移ってから10日も経たずに旧住まいを解体すると、長年住み続けたご家族に問題が起きることが多くあります。ご家族の年齢やエネルギー状態にもよりますが、体力の弱い人や運気が落ちている人に害が及ぶと昔から言われています。実際にそういう例を多く見てきました。

なぜそのようなことが起きるかと言えば、長年住むと住人と家が一体化するからでしょう。家を移ってすぐは、長年住んできた家の持つ気と、住人の持つ気が同調しています。その状態で解体工事を行うと、家と土地の磁場が壊れ、その影響が住人の体にも及ぶのだと言われています。

では、無難に解体する方法として、昔からの気学では次のように教えています。家をしばらくの間、空の状態にしておく。それから解体工事を行い、新居を建てる。そうすると悪い影響が及ばないのです。家を空にする期間は住んだ年数に応じて長くなり、10年住んだ家であれば、１年間家を空ける必要があります。

ただ、費用や時間的な面から実際は難しいでしょう。また最近では、あまり長い間空き家にしておくと、知らない人が出入りしたり放火されたりしそうで危険だと、ご近所からクレームがつけられます。昔からの方法が、時代にそぐわなくなっているようです。

現実的な解決法としては、できるだけ早い時期に家の周りに炭を仮埋めします。その後、家を出て、最低でも2ヶ月間は家を空けてから解体します。30年ほど前からこの方法で建て替えを行ってきましたが、皆さん無難に過ごされています。

Q 新築の場合、炭をどこに埋設すれば効果的でしょうか？

A まずは方位の入った配置図と平面図を見せてください。ご家族の生年月日、もし分かれば生まれた時間のデータも必要です。図面上で家の中心（宅心）から八方位に分け、家の形や張りと欠けを見ます。また鬼門線の水回りがご家族に悪影響を与えていないかどうかを診断して、問題があればその場所に炭を埋設します。ご家族の九星で運勢を、十二支で健康を見ます。そのほかに、主人の座（北西）が欠けていないか、トイレや浴室、玄関になっていないか。主婦の座（南西）がしっかりしているか。長男の座（東）と跡継ぎの座（東北）はどうか。18歳未満のお嬢さんがいる場合には、西が欠けたり、トイレや浴室が配置されていないか。成人されたお嬢さんであれば東南がご縁の場所になります。欠けているとなかなか良縁との出会いがないので、土地の気を引き寄せてご縁も引き寄せましょう。

Q 商売を営んでいるのですが、家のどこを見たらよいでしょうか？

A ご主人様が経営者でご商売をなさっているのであれば、まずはご主人様の九星の方位を見ます。そこが欠けているなどの凶相であれば、お仕事運にマイナスに働きますので問題があります。また商売繁盛には、「巳酉丑の金局三合を使え」という教えがあります。方位で言えば巳（東南）で、ここはお客様、信用を司る方位です。酉（西）は金運を司る方位。丑（東北）は利益を蓄える、蓄財の方位です。この三方位を吉相にすることが大切です。スペースがあれば倉庫を置くことをお薦めします。欠けている場合は炭を埋設するとか、相性の良いカラーを取り入れてこの方位に力を引き寄せていけば、良いお客様に恵まれてお金が入り、しっかり貯まるという好循環が生まれます。

風水家相を取り入れて開運した、皆さんの声

業界仲間も驚きの空室ゼロ！安定経営に感謝

都心で駅に近く立地条件は非常に良い場所で賃貸マンションを経営していますが、競合が多く以前は経営が安定しませんでした。物件も築20年ほどになり、入居者の入れ替わりが激しい状態で、何とか経営を安定させたいと思い、風水を取り入れてみようと考えました。鑑定のアドバイスを受け、エントランスに相性の良い絵画や観葉植物を設置しました。建物の周りには炭を埋設し、なかなか入居者が決まらない空き部屋には屋根裏に太喜を設置しました。それ以来、退去者の数は減り、驚くほどに経営が安定しています。業界仲間からは不思議がられているほどです。

仕事もプライベートも充実
願った通りの幸せな毎日

姫路でリフォーム会社を経営しているのですが、お客様の要望に応えられるように風水家相の勉強を始めました。まずは自分の運気を上げたいと太喜を購入し、巳酉丑の３箇所に置きました。それ以来、驚くことに仕事が次々と舞い込み、まだ４月でありながらすでに１年分の売上高を得ることができました。おかげ様で経営が安定し、年内ばかりか来年の大きな仕事も３件決まっています。家族も皆順調で、娘もようやく結婚し、上手くやってくれています。到底無理だと思っていたのですが、私自身も本当にほぼ願った通りのパートナーと出会うことができ、精神的にも満たされた毎日を送っています。

後継者の悩みから解放された穏やかな日々

私の病院は精神科の専門医として日本一の病床面積を誇っています。もともとは妻と二人で町の小さな病院としてスタートさせました。今の場所に移ってから、どんどんと病床が拡大していったのですが、それは土地のエネルギーが非常に強いからだ、と後に先生から教わりました。その強力な大地のエネルギーを院内にも取り込むとさらに良くなると伺いました。私の病院は後継者問題にずっと悩まされてきたのですが、それは病院の東北が大きく欠けている凶相が影響していると知りました。今回、風水家相を取り入れて、凶相をカバーしていただきました。するとしばらくして、遠方の病院に勤務していた息子が戻って跡を継いでくれることとなり、長年の悩みから解放されて安心することができました。また、病室の空気も変わったようで患者さんが騒ぐこともなくなり、穏やかに過ごせています。看護師たちの仲も良くなったようで、職場の雰囲気も明るくなりました。私に関わってくださる方々が気持ち良く穏やかに過ごしてくださることが何よりの幸せです。

家族も植物も元気モリモリです

私は中国の大学で漢方医学を研究してまいりました。中国でも家を建てる時には風水や方位、時期を大事にします。今回は友人の薦めで、先生に自宅の家相設計をお願いしました。友人がしていたのと同じように、基礎の段階で埋炭をしました。おかげで工事も無事に終わり、今は新居で快適に暮らしています。わずかの間に庭木が力強く繁り、室内の観葉植物も天井に届くほど大きく成長したのには驚きました。中国から父母も呼び寄せ、一家で健康で明るい毎日を過ごしています。子供たちも植物に負けないぐらいに成長して元気モリモリです。

15歳の愛犬も元気に過ごしています

我が家の愛犬サンちゃんは今年で15歳になります。人で言えば105歳のおじいちゃんです。少し前までは足が立たず、一日中寝て過ごしていました。何とか元気にしてあげたいと思っていた時に、友人から風水の話を聞きました。以前に友人の犬がガンを患い余命わずかと言われてから、寝場所を吉方位に替えて炭を置いたところ、１年以上も穏やかに過ごすことができたそうなのです。

私も犬小屋の場所を吉方位に替えて炭を置きました。その後、サンちゃんは気持ちが良いのか太喜にぴったりと体を付けて寝ています。少食だったのにご飯をしっかりと食べて、庭を歩き回れるようになり、みんなで驚いています。家族の一員として少しでも長く元気でいてもらいたいと願っています。

志望校に奇跡の合格！
塾の七不思議と言われています

高校受験を控え、どうしても長男に県立のH高校に合格してもらいたかったのですが、塾では成績が上がらず、悩んでいました……。本人が頑張るしかないのですが、少しでもしてあげられることがあればと思い、家相のご相談をしました。先生からは「それでは、勉強机を吉方位に配置して、机の下に炭を置かれてみては？」とご提案いただきました。

それから半年、息子がH高校に無事合格しました。模試ではE判定しか取れていなかったので、講師の先生からは塾の七不思議だと言われました。それでもとにかく嬉しくて、家族で盛大にお祝いをしました。試験のことを息子に聞いてみますと「試験前に暗記していた問題が数多く出題されていて、これはいける！と思った」とのことで、本当に不思議に思っています。その後、その話を聞いた主人が、何度も落ち続けている危険物取扱者の試験会場に、炭を紙袋に入れてこっそり持ち込んだんです。そうしたら、今度は主人も合格できたんです。もう家族で大笑いしました。

長年欲しいと願っていた隣の土地が手に入りました

病院の建物を鑑定していただき、アドバイス通りにレイアウトを変更したり、炭を埋めたりしました。おかげ様で経営する病院は順調で、院長である主人も喜んでくれています。

ある日、不思議なことが起こりました。もう10年ほど前に隣家との目隠しに植えた木があったのですが、炭を埋めてから、初めて白い花が咲き、青い実がなりました。だんだん色が付いてきまして……レモンだったんです。何の木か分からずにずっと過ごしてきていたのですが、ようやく木の正体が分かりました。土の気がパワーアップしたのでしょうね。本当に驚きました！

そんな庭先の変化に気がついたちょうどその頃に、長年欲しかったお隣さんの土地を先方から買ってくれとの申し入れがあったんです。病院の駐車場を広くできるからありがたいです。

お墓だった土地に家を建ててしまい、夜寝られず困っていました

今の家に隣接した土地を40坪ほど買い足し、10坪ほど増築して娘の部屋にしました。それからというもの、娘が夜、気持

ち悪い夢ばかり見たり、金縛りにあったりして、その部屋で寝たがらずに困っていました。実は造成の時に白い骨のようなものが出てきて……綺麗に取り除いたと業者の方からは聞いていたのですが。どうやらお墓の跡地だったようなのです。今からどうしたら良いか、何か対策はできないかとすがるような思いでした。先生から土地の気を上げることを薦められ、般若心経が写経された紙と炭を一緒に埋めました。もちろん近くのお寺さんに頼んでお祓いもしていただきました。その後は、娘が嫌がることがなくなり、穏やかに生活ができていますので、除霊されたのだと思って安心しております。

競売で買った土地でも安心して暮らせています

事務所の移転を考え、不動産屋さんから薦められた土地を購入して移りました。それ以来、仕事の受注が相当下がりました。現場で土の力を測ってもらったところ、地力が普通より低い数値で、「もしかして、ここは競売で購入された土地ではないですか?」と言われ、びっくりしました。実は、この土地は2回ほど競売が続いたそうで、その分安く買えた土地でした。競売で買った家は競売にかけられて失うことがよくあるのだと伺い、怖くなりました。今さら移転はできませんので困っていたのですが、埋炭で磁場を改善することができると教えていただきました。その翌年から、思わぬ方面からの受注が増え、他社が不況の中でもうちだけは何とか回り始め、本当に助かりました。さらに不思議なことですが、老犬が元気になって餌をたくさん食べるようになりました。

方位の力を実感！
全国を飛び回る人気の税理士さん

私は福岡で税理士事務所を営んでいるのですが、ある時、飲食店の経理処理を請け負っていて気がついたことがありました。あるお店だけが、他の同じような飲食店に比べて、ズバ抜けて売り上げが良く繁盛していたのです。不思議に思いながら、お店の帳簿に目を通していると、そこに「風水家相コンサルティング」と書かれた領収証を見つけました。それで、ようやくそのお店が繁盛している理由が分かりました。

その後、私の事務所を移転する際に、風水コンサルティングに相談をさせてもらいました。新しい事務所の方位や部屋の配置などを風水で整えて、移転の計画をしました。

そしてその後、事務所を移転してから２週間で、新規６件の契約が取れました。新規顧客が月平均３件のペースで増え続けています。業界誌には“時代を変えた男”として紹介してもらいました。おかげで全国各地での講演会が大盛況、毎回キャンセル待ちが出るほどの人気をもらっています。

新事務所は「南」の吉方位へ移転したのですが、この方位には名誉を得るとか出世する、脚光を浴びるといった効果があると教えていただきました。まさしく南の意味合いが出たのだと思い、風水の力にとても驚いています。

夢を実現、海外でも行列のできる焼き鳥屋に

もともと風水の世界に興味があり、町が主催した風水講演会に参加しました。その時に、今からの10年間は私にとって良い運気だと教えてもらい、17年間地元で営んできた焼き鳥屋に、風水開運法を取り入れました。

それから２年後には福岡の都心部に出店することができました。その際も、最初に見つけた場所は方位が悪いからやめておいた方がいいとアドバイスを受け、次に見つけたちょうどいい場所で、風水家相を取り入れながら店をオープンさせました。そして、その店が今では福岡の焼き鳥業界の歴史を変える店！となりました。これまで焼き鳥といえば、一人２千円程度の

大衆的な食べ物でしたが、私は一人３千円オーバーの高級食材を提供する店として展開しました。その頃は、店に泊まり込んで味を徹底的に研究し、絶対にこの商売で勝ちたいという思いで燃えていました。

天神店をオープンしてから２年足らずで、もう１店舗をオープンさせました。その際は店舗設計の段階から風水家相を取り入れました。４年後には東京へ進出し、オープンする時期も全て吉方位で動きました。そのまた４年後には六本木ヒルズに出店しました。その後もハワイ、台湾、ベトナムと順調に海外へ店舗を拡大させ、成功を収めています。私は経営に風水を取り入れ、日々の努力を重ねつつ多くの方々の協力をいただきながら、大きな夢を実現させています。自分の力だけではここまで成功することはできなかったと思っています。これからも風水のアドバイスをいただきながら、感謝の気持ちを忘れずに、さらなるチャレンジを続けていきます。

このように、たくさんの方々が風水家相の力を味方につけて、夢を叶えておられます。皆さんのお役に立つことができて、本当に嬉しく思っています。

参考文献

ギズモードジャパン
「人間にも磁気コンパスがあることが大判明」2019
https://www.gizmodo.jp/2019/03/fascinating-experiment-suggests-some-humans-can-sense.html
（参照2023-6-21）

厚生労働省心身障害研究報告書
「居住環境の妊婦に及ぼす健康影響について」1993
https://www.niph.go.jp/wadai/mhlw/1993/h050804.pdf
（参照2023-6-21）

トレンダーズ株式会社
「トイレの清潔さに関する比較調査」2011
file:///C:/Users/tao/Downloads/90cf9ba251be59da8b3cd528eb4a2bd6.pdf
（参照2023-6-21）

あとがき

　これまで家づくりを通して、たくさんの方々の人生に深く関わらせていただきながら、親子二代に渡って皆さんの夢を叶えるお手伝いをしてきました。とはいえ、現在のように風水家相設計事務所を構える以前には失敗の経験もあります。まだ父が鑑定を始めたばかりの頃には、建築の知識など全くない状態で平然と鑑定を行っていました。思えば無茶なアドバイスをしてご迷惑をかけたと反省しております。そんな父に転機が訪れたのは今から20年以上前のことです。あるご夫婦が設計士の方を連れて新築のご相談に来られました。いつものように鑑定とアドバイスをしていたのですが、最後まで話を聞いていた建築士の方が不機嫌そうにこう言われました。
「あなたは、家が何でできているか知っているんですか？」と。
「もちろん、そのぐらいは分かりますよ。家には柱と壁があって、屋根があって」
　そう答える父に向かってその建築士は、「いいえ違います。

家はね、法律で建っているんです」と吐き捨てるように言って部屋を出ていかれました。

要は「お前は建築基準法も知らないくせに、いい加減なことを言うんじゃない！」と言いたかったのです。

それは、父にとって衝撃的な天の声となりました。その言葉の意味に気がつき、自分がどれだけ無知なままに無茶なアドバイスをしていたのか思い知らされたと言います。それから一念発起し、夜間の学校に通いながら二級建築士、インテリアコーディネーター、宅地建物取引士と実際の現場で必要な知識を学び、資格を取得していきました。今思えば、あの頃の父は建築士の方にとって、さぞや厄介な存在であったはずです。

今では、大手住宅メーカーの方が施主の代理で鑑定を受けに来られたり、設計士の方が風水家相士の資格取得のために勉強に来られることも多くなりました。それでも「一生懸命に考えた間取りのプランが風水師の無茶な一言であっさり却下されるんです。だから私は風水が大嫌いです」と嘆く建築士さんにお会いすることもあります。でも、どうぞ安心してください。私たちは風水家相と建築設計の両方の知識を持って、現実的な提案をしています。だからこそ、過ごしやすく快適でありながら運気も上がるという、真の開運ハウスを作り出すことができるのです。私たちは住まいを雨風をしのぐための「箱」としてではなく、その人の「生き方」そのものであると考えています。「これからどのように生きたいのか」、「どのような暮らしをしたいのか」という夢が形になったものです。

風水家相を取り入れたいと考えているあなたは、きっと人一倍豊かな人生を送りたいと願っているはず。人生は車の運転と同じです。あなたが意識を向けた方向にしか進まないようにできています。あなたの「幸せな人生を送りたい」という思いが、きっとこの本との出会いを引き寄せてくれたのだと思います。私が伝えたいのは、風水家相の間取りや方位といった“形”だけでなく、住まいづくりを通して個人や家族一人一人違う幸せの“形”と向き合うことの大切さです。自分の人生をどう生きたいのか、ぜひ一緒に考えながらあなたの夢を叶えていきましょう。

風水《ふうすい》家相《かそう》で願《ねが》いを叶《かな》える
開運《かいうん》ハウスのつくり方《かた》

2023年9月28日　第1刷発行

著　者　　はこしま李風
発行人　　久保田貴幸

発行元　　株式会社 幻冬舎メディアコンサルティング
〒151-0051　東京都渋谷区千駄ヶ谷4-9-7
電話　03-5411-6440（編集）

発売元　　株式会社 幻冬舎
〒151-0051　東京都渋谷区千駄ヶ谷4-9-7
電話　03-5411-6222（営業）

印刷・製本　中央精版印刷株式会社
装　丁　　田口美希

検印廃止

Printed in Japan
ISBN 978-4-344-94620-0 C0077
幻冬舎メディアコンサルティングＨＰ
https://www.gentosha-mc.com/